FRIEDENSINSTITUT

Privates Friedensinstitut 21 (Hrsg.)

Zeitzeugen der Friedensbewegung

Band 1 /2013

Diese Publikationsreihe erscheint zweimal pro Jahr und wird in Kooperation mit dem Journalistenbüro Zeitzeuge, Dr. (phil.) Joachim Thommes konzipiert und realisiert.

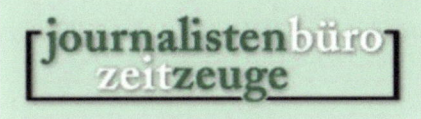

Impressum und Kontakt:

Bibliografische Information der Deutschen Nationalbibliothek:
Die Deutsche Nationalbibliothek verzeichnet diese Publikation in der Deutschen Nationalbibliografie; detaillierte bibliografische Daten sind im Internet über http://dnb.dnb.de abrufbar.

© 2013 Joachim Thommes

Herausgeber: Privates Friedensinstitut 21 e.V., Busenbergstr. 79, 44269 Dortmund / www.friedensinstitut21.de
Redaktion, Realisation, Lektorat und Layout:
Journalistenbüro Zeitzeuge (JBZ), Essen: Dr. (phil.) Joachim Thommes, Bernd Bruisten, Verena Chauvistré, Thorsten Schlösser
Redaktionsanschrift / Kontakt:
Journalistenbüro Zeitzeuge, Ruhrallee 72, 45138 Essen
thommes@jb-z.de oder thommes@friedensinstitut21.de
Mit Beiträgen von: Eva Eggelsmann, Uta Ranke-Heinemann Bernhard Trautvetter, Joachim Thommes: Interview mit Horst Eberhard Richter
Herstellung und Verlag: BoD – Books on Demand, Norderstedt

ISBN: 978-3-7322-4011-1

Inhaltsverzeichnis

Vorwort **Joachim Thommes** 7

Interview mit: **Horst-Eberhard Richter:**
Zeit zum Umdenken: Frieden durch Dialog -
Frieden durch Verständigung 9

Biografischer Bericht: **Eva Eggelsmann**

Lebenserfahrungen und die Pershing 2 24
Nachwort von Barbara Vogelmann 65
(Alle Fotos: Privatarchiv Eva Eggelsmann)

Vortrag/Rede von: **Uta Ranke-Heinemann**

Sind Frauen friedfertiger als Männer? 67

Lyrik & Collagen: **Bernhard Trautvetter**

Transport	11
Der Mensch	14
Euphorie Bereit	18
Noch	23
Frieden	66
Masculinity	68
Liebes Leben	70
Gegen das Vergessen	73
Erde 4	74

Vorwort

Das Friedensinstitut21 möchte mit seiner Publikationsreihe „Zeitzeugen der Friedensbewegung" Menschen zu Wort kommen lassen, die „dabei waren", Menschen, die sich engagieren und Standpunkte vertreten, Menschen, die sich den Ideen der Friedensbewegten nahe fühlten – und fühlen –, Menschen, deren Lebensentwürfe Friedensbewegung beeinflusst hat oder weiterhin beeinflusst.

Ergänzt werden diese Interviews, Berichte, Reden und Dokumente zum Auftakt unserer Reihe durch Lyrik & Collagen des Essener Künstlers Bernhard Trautvetter, der als friedensbewegter Chronist seit Jahrzehnten aktuelles Zeitgeschehen kommentiert und auf besondere Art und Weise in seinen Arbeiten dokumentiert hat. Auch er ist ein Zeitzeuge der Friedensbewegung.

Zu dieser Reihe:
Die Reihe „Zeitzeugen der Friedensbewegung" wird zweimal im Jahr in Eigenregie des Dortmunder Friedensinstituts 21 und in Kooperation mit dem Essener Journalistenbüro Zeitzeuge über BoD – sowohl in gedruckter als auch in elektronischer Form (E-Book) – erscheinen. Ergänzt wird die Reihe durch die Veröffentlichung ausgewählter Video- und Audiodokumente.

Wir werden oft gefragt:
Warum ist es sinnvoll, Menschen aus „der Friedensbewegung" Zeitgeschichte aus ihrer Sicht erzählen zu lassen? Wen interessieren diese Geschichten – diese erzählte Geschichte – heute noch? Wir meinen, dass es wichtig ist, die Zeitzeugen der Friedensbewegung selbst zu Wort kommen zu lassen. Wir denken, dass die jüngste Zeitgeschichte nicht wie ein selbsterklärendes und offenes Buch eindimensional, klar und eindeutig vor uns liegt.

Vorwort

Wir glauben vielmehr, dass zur Analyse und zum besseren Verständnis der Geschichte – in ihrer Vielschichtigkeit und Besonderheit – auch die friedensbewegten Geschichten engagierter Protagonisten beitragen. Wir wollen deutlich machen, dass nicht alleine Historiker wie Guido Knopp mit ihren massenmedialen ikonenhaften „History-Bilderstürmen" bestimmen sollten, wie „*die*" Geschichte „*wirklich*" war. Wir stellen uns mit dieser Publikation bewusst gegen diese simple mediale Wahrheits- und Deutungshoheit „Knopp´scher Machart", die keine Fragen offen lässt, und plädieren dafür, kontroverse Standpunkte im Sinne einer demokratischen Erinnerungskultur sichtbar werden zu lassen.

Fragenden, forschenden und wissenshungrigen Menschen sei die Lektüre unserer Reihe daher besonders ans Herz gelegt. Die Berichte, Interviews und Rededokumente ermöglichen, ebenso wie Bilder, Fotos, Filme, Gedichte und Collagen, interessante Einblicke in alltägliche und nicht ganz so alltägliche Welten und Weltsichten.

In dieser Ausgabe stellen wir Ihnen ein Interview mit dem 2011 verstorbenen Analytiker Horst-Eberhard Richter aus dem Jahr 2005 vor: Ein thematisch und analytisch weitsichtiger Abriss.

Eva Eggelsmann „war dabei", als vor gut dreißig Jahren die Pershing 2 Raketen in Mutlagen stationiert wurden: Ein bewegender biografischer Bericht.

Der Vortrag „Sind Frauen friedfertiger als Männer" der Theologin und Querdenkerin Uta Ranke-Heinemann bildet den kontrastierenden Schlusspunkt dieser Ausgabe.

Rückmeldung erwünscht: Liebe Leser, wir freuen uns auf Ihre Zuschriften, Ihre Erinnerungen, Ihre Anregungen, Ihre Meinung – kurzum auf Ihre Geschichte(n).

Zeit zum Umdenken: Frieden durch Dialog – Frieden durch Verständigung

Herr Richter, wir befinden uns auf der `Münchner Friedenskonferenz´ und nicht auf der renommierten `Münchner Sicherheitskonferenz´, die seit Jahren parallel stattfindet. Das Motto der Sicherheitskonferenz lautet in diesem Jahr (2005): „Frieden durch Dialog". Das ist doch ein gutes Motto! Warum sind Sie hier auf der Friedenskonferenz und nicht dort auf der Sicherheitskonferenz?

„Frieden durch Dialog" ist ein gutes Motto, wenn man den Begriff „Dialog" so verstehen würde wie die Leute, die im 20. Jahrhundert Frieden erkämpft haben.

Für diese Menschen war der „Dialog" immer ein Austausch zwischen verfeindeten Parteien. Gandhi, der ja Millionen Inder befreien konnte, hat Frieden im Dialog mit den Engländern erreicht und dies, obwohl die Engländer ja lange Zeit gar nicht mit ihm reden wollten. Sie haben ihn sogar eingesperrt, aber nachher mussten sie doch mit ihm reden – und er hat diesen riesigen Erfolg gehabt.

Ein anderer erfolgreicher Dialog war der zwischen Michail Gorbatschow, den ich später persönlich kennen lernen durfte, und Ronald Reagan, die sich z.B. in Reykjavík getroffen und dort einen intensiven Dialog geführt haben. Aber auch unterhalb der Ebene Gorbatschow – Reagan gab es ganz wichtige Dialoge, die auf russischer Seite z.B. mit Sacharow, dem Erfinder der russischen Wasserstoffbombe, geführt werden konnten.

Sacharow argumentierte – bei dem Gespräch war ich dabei – im Dialog mit den Amerikanern folgendermaßen: „Ich bin zwar ein Dissident, ich bin ein Menschenrechtler, ich hasse dieses stalinistische System, das mich jahrelang verbannt und eingesperrt hat, aber der Gorbatschow ist glaubwürdig und jetzt komme ich, Sacharow, sozusagen als Botschafter zu euch, mache mit euch diesen Dialog und werde euch davon überzeugen, dass wir Russen es jetzt wirklich ernst meinen." Dies ist beispielsweise ein ernsthafter Dialog, der wirklich zu einem Frieden führen kann.

Oder der Dialog mit Nelson Mandela in Südafrika: Als Mandela aus dem Gefängnis kam, hat er im Dialog mit de Klerk als dem Anführer des Apartheid-Regimes Gespräche geführt. In diesen Gesprächen haben die beiden Männer sich verständigt, und Mandela hat erfolgreich dafür gekämpft, dass damals kein Bürgerkrieg entstand, sondern dass man – im Gegenteil – eine friedliche Verständigung angefangen hat. Das sind Beispiele für Dialoge, die zum Frieden führen. Aber das, was jetzt dort auf dieser Sicherheitskonferenz passiert, das sind Dialoge unter Freunden, da werden die transatlantischen Beziehungen besprochen; da sitzt also kein wirklicher Feind, der zum Dialog bereit wäre, am Tisch, sondern die Freunde, die Bundesgenossen stimmen ihre Strategie miteinander ab. Und deshalb fühle ich mich hier bei der Friedenskonferenz sehr viel wohler.

Wenn man Frieden durch Dialog ernst nehmen würde, wie müsste – um einmal mit der positiven Vision anzufangen – eine friedlichere Welt aussehen?

Ja, zunächst einmal müsste der Westen lernen, auch die islamische Religion und die islamische Kultur mehr zu achten, und man müsste den Mehrheiten in den islamischen Ländern, die keinen Terror wollen und die keinen Krieg wollen, denen müsste man mehr Zeichen geben, dass man ihre Kultur auch achtet, ihre Religion achtet, dass man ihnen ökonomisch hilft, denn gerade in den islamischen Ländern herrscht ja vielfach große Armut, wie beispielsweise jetzt in Palästina. Das wären dann konstruktive, sagen wir mal: „dialogische Signale", die zeigen: Wir wollen ja mit euch agieren und nicht gegen euch! Dies wäre aus meiner Sicht ein gangbarer Weg.

Ich bin nun aber auch Psychoanalytiker und frage mich daher bereits seit langem: Ist denn „das Böse" nun auf der Welt, dass man sich dagegen schützen muss, oder konstruiert man von interessierter Seite nicht auch „das Böse", um die eigene Machtpolitik und Kolonialpolitik zu tarnen?

Ich denke, dies haben wir gerade im Fall des Irak erlebt. Es wurde gesagt, hier gibt es eine Bedrohung der Welt durch Massenvernichtungswaffen, und um uns zu schützen, müssen wir – leider – im Irak und mit dem Irak einen Krieg führen. Und nun begreift man, wenn man nicht gerade töricht ist: Da ist „das Böse" konstruiert worden, die Waffen waren gar nicht da! Der Saddam Hussein hätte nicht einmal seine Nachbarn bedrohen können. Psychologisch hatte die Konstruktion des Bösen also eine bestimmte Funktion, und so gelingt eine Spaltung der Welt.

Die neuen Kriege, die uns bevorstehen, kommen durch eine solche Konstruktion zustande – so wie gerade wieder vor ein paar Tagen Condoleezza Rice gesagt hat: Also, es gibt die „Falschen und die Richtigen", und die Iraner haben nun das Pech, dass sie auf der falschen Seite sind. Und diese Spaltung ist nun schon wieder der Anfang, um uns vorzubereiten, dass dort eine militärische Aggression vorbereitet wird oder zumindest im Kalkül ist.

Um den Fokus etwas auf derzeit wirkmächtige Stränge der politischen Ideengeschichte zu lenken: „Gut gegen Böse" – häufig hat man ja auch durch Carl Schmitt, bzw. ins Amerikanische übersetzt durch Leo Strauß, solche dichotomischen Theorien von vielen politisch mächtigen Akteuren gehört. Wirkmächtig waren diese Theorien im letzten Jahrhundert und sind es in diesem Jahrhundert auch. Ist es offensichtlich so, dass nicht nur „Gut gegen Böse", sondern auch der ähnlich definierte „Begriff des Politischen", häufig auch als „Freund gegen Feind" beschrieben, immer stärker greift?

Ich empfehle vielen Menschen immer wieder, die Biographie von Nelson Mandela zu lesen. Mandela war ein Terrorist, er war zu einem Zeitpunkt Anführer des ANC, als der ANC terroristische Anschläge gegen das Apartheid-Regime gemacht hat. Er hat dann 27 Jahre lang im Gefängnis gesessen, und er hat dort nachgedacht. Er hatte dabei Kontakt zu seinen Häuptlingen und Anführern und konnte sich auch mit Bischof Desmond Tutu austauschen. Alle haben miteinander diskutiert und zuletzt gesagt: Die Welt erwartet, dass nach dem Zusammenbruch des Apartheid-Regimes die Schwarzen sich endlich rächen können und Vergeltung üben werden. Die Welt hat also gedacht: In Südafrika ist ein Bürgerkrieg unvermeidbar. Mandela aber dachte dies nicht! Er hatte in seiner Haftzeit Beobachtungen gemacht, die ihn anderes denken ließen und die für mich als Psychologen und Psychoanalytiker hochinteressant sind:

Er hatte bei seinen Wärtern beobachtet, manchmal nur für Sekunden, schreibt er, dass es den Wärtern eigentlich leid tat, was sie taten. Er hat gespürt: Sie müssen ihre Menschlichkeit unterdrücken, um böse zu sein. Und nach diesen Beobachtungen hat er Folgendes gesagt: „Eigentlich leiden wir auf beiden Seiten. Wir Gefangenen leiden unter unserer Unterdrückung; die Wärter leiden daran, dass sie im Gefängnis ihres Hasses sitzen und ihre Menschlichkeit unterdrücken und sich erniedrigen müssen, und sie leiden auch durch das, was sie mit uns Schwarzen machen. Das heißt: Wir müssen eigentlich beide Seiten vom Leiden befreien."

Diesen geistigen Prozess haben die Häuptlinge und Anführer mit Mandela diskutieren und nachvollziehen können. Es klingt ja fast unwahrscheinlich oder wirkt auf uns fast heilig oder gar wie ein Wunder, aber dieser geistige Prozess hat gegriffen! Und dann haben sie diese Wahrheitskommissionen gemacht, die Aufarbeitungsprozesse, in denen sowohl schuldige Weiße als auch schuldige Schwarze die Vergangenheit gemeinsam und öffentlich aufgearbeitet haben. Und es hat funktioniert!

Das Bedrückende ist nur: In diesem geglückten, vorbildhaften Moment war die Welt auch glücklich und hat gesagt: Ja, das ist ein Modell. So kann das doch gehen! Aber dann wurde – und das dürfen wir ja nicht übersehen – von denen, die nur an die Macht glauben und durch die Lobby der Rüstungsindustrie und durch die Vertreter der handfesten wirtschaftlichen Interessen die Vorstellung publik gemacht: Na ja, das Regime stürzte ja nicht wegen Mandela, da gab es ja auch noch das Embargo. Und dieser Mandela selbst, das ist doch eher einer wie Christus oder Franziskus, der passt doch nicht in diese Welt! Er war eine einmalige Erscheinung, hat aber nichts mit unserer politischen Realität zu tun. Und stellen Sie sich vor: Welch eine Verrücktheit!

Frieden durch Dialog

Da wurde der ganzen Welt bewiesen, wie eine auch durch jahrzehntelange Mordanschläge gewachsene „Todfeindschaft" überwunden werden kann, wenn Menschen lernen, sich gegenseitig von ihren Rachebedürfnissen, von Hass und Angst zu befreien und friedlich miteinander umzugehen, und keiner machte weiteren Gebrauch davon!

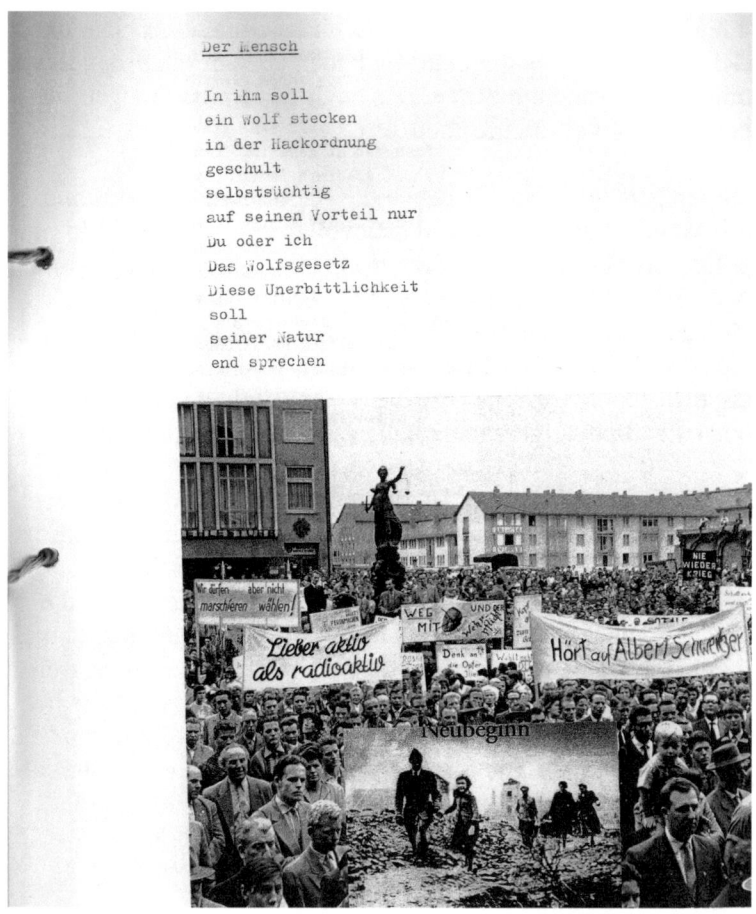

Der Mensch

In ihm soll
ein Wolf stecken
in der Hackordnung
geschult
selbstsüchtig
auf seinen Vorteil nur
Du oder ich
Das Wolfsgesetz
Diese Unerbittlichkeit
soll
seiner Natur
end sprechen

Vielleicht spielt sich ja so etwas auch einmal zwischen Israel und Palästina ab. Aber das wissen wir noch nicht, doch es wäre möglich, wenn die Israelis merken, dass das Leid, das sie den Palästinenser antun, auch ihr Leid ist und natürlich, dass die Palästinenser merken, dass das durch Selbstmordanschläge und das Töten von Frauen und Kindern erzeugte Leid auch ihr Leid ist. So, dass beide Seiten in Mandelas Sinne lernen: Wir sind voneinander abhängig, wir sind aufeinander angewiesen auf diesem Stück Erde. Und wir müssen einen Frieden schaffen – einen Frieden der Gemeinsamkeit.

Genau dies wäre dann der jetzt notwendige Dialog, welcher hoffentlich nicht wieder unterbrochen wird, wie dies schon bei der Ermordung von Jitzchak Rabin der Fall war. Da standen wir auch schon einmal dicht vor einem Durchbruch. Das wäre ein echter Dialog, der zum Frieden führen kann.

Betrachten wir doch einmal die gesellschaftliche Perspektive etwas genauer. Sie haben 2001 anlässlich der Gründung des globalisierungskritischen Netzwerkes Attac in einer Rede gefordert: „Zeit zum Umdenken". Was ist damit gemeint, und wo stehen wir vier Jahre später? Hat der Prozess des Umdenkens bereits eingesetzt?

Zunächst möchte ich – als nunmehr alter Mann – anmerken, dass es immer sehr davon abhängt, in welcher Stimmungs- oder Meinungsströmung sich eine Gesellschaft bewegt. Als Ende der 1960er Jahre diese damals junge Generation Krawall und Protest machte, geschah dies nach meinem Dafürhalten vor dem Hintergrund, dass die Jugend nach über 20 Jahren verschwiegener Vergangenheit die Elterngeneration einmal zur Rede stellen wollte. Den jungen Menschen ging es aber gar nicht so sehr darum, mit den Eltern zu diskutieren, sie wollten vielmehr einfach erst einmal ihrer Wut Gehör verschaffen. Und obwohl ich vom Alter gar nicht mehr so in diese Generation und in diese Protestbewegung hineingehörte, geriet ich trotzdem in diese Bewegung hinein.

Meine Frau und ich hatten ebenfalls das Gefühl, sprechen zu müssen. Fast 20 Jahre hatten wir nicht darüber geredet, dass meine Frau aus einer Verfolgtenfamilie stammt, und ich selber hatte auch innerlich Entwicklungsprozesse durchgemacht, die mich schon 1946/47 dazu bewogen hatten, eine Doktorarbeit zu verfassen, die sich mit dem Zustand auseinandersetzte, in dem sich Jugendliche damals befanden. Ganz spontan entstand nun auch in der Nachkriegsgeneration, die ja nun ihre Elterngeneration angriff, der Wunsch nach einer gemeinschaftlichen Gesellschaft. Wir schlossen uns an.

Wir wollten nicht mehr „Unwillkommene" einfach ausstoßen, weshalb wir gemeinsam zu den Randgruppen der Gesellschaft gingen – in soziale Brennpunkte, in Gefängnisse, in Jugendheime, dorthin wo schwierige Jugendliche untergebracht waren.

Viele Menschen, wie unser Sohn auch, gingen in die Dritte Welt und hatten das Gefühl: Wir müssen dorthin, und zwar nicht, um dort die Menschen zu beglücken, so wie Samariter es wollten, sondern um dort den Menschen zu helfen, Selbstachtung zu gewinnen und so aus der Armut und der Hilflosigkeit herauszukommen. Und dies war eine starke Strömung, die griff dann sogar in die bürgerliche Gesellschaft hinein. Viele Eltern überlegten tatsächlich, wenn sie von ihren Kindern angegriffen wurden: Ja, vielleicht machen wir tatsächlich etwas falsch und brauchen daher eine neue partnerschaftliche, emanzipatorische Gesellschaft. Was sollen wir also tun?

Der Begriff emanzipatorisch ist wichtig. Es ist ein Begriff, der heute kaum noch vorkommt, die meisten wissen nicht einmal mehr, was das ist. Damals war dies geradezu ein Heilsbegriff, und es war für die jungen Leute etwas, was sie am Leben hielt.

Gemeinsam wollte man sich emanzipieren und z.b. ein neues Verhältnis zwischen Männern und Frauen begründen, die feministische Bewegung bekam damals Auftrieb, die Friedensbewegung bekam ebenfalls einen großen Auftrieb. Ich selber habe ja zu dieser Zeit – zusammen mit 40 Studenten – in einer Obdachlosensiedlung gearbeitet. Genau dort haben meine Frau und ich unlängst meinen 80. Geburtstag gefeiert, weil wir mit den Menschen dort befreundet sind.

Es sind ungefähr 120 Familien, die dort am Rande der Stadt leben. Ursprünglich lebten sie im Dreck und ohne Straßenbeleuchtung, die Kinder wurden häufig schon mit neun Jahren kriminell. Es gab Drogen, Prostitution und Gewalt in den Familien. Das alles hat sich seither und bis heute radikal verändert. Die Familien sind jetzt ein Teil der Bürgerschaft geworden, und es gibt dort mittlerweile nicht mehr Arbeitslosigkeit als woanders. Die Kriminalität geht stetig zurück, und die Kinder besuchen nicht mehr Sonderschulen, denn sie sind nicht dümmer als andere, sie wurden früher nur eben nicht gefördert, hingen auf der Straße herum und hatten keine Hilfen. Wir haben damals angefangen mit Vorschulhilfen, Kindergarten, Jugendclub, Schularbeitenhilfe. Die Studentinnen und Studenten haben dies begeistert umgesetzt.

Und nun zur Antwort auf Ihre Frage des „Umdenkens": Das alles kam damals von unten. Das war kein politisches Kalkül, es war ein Gefühl der Mitverantwortung, bereits im studentischen Alter, und auch schon bei Schülern war dies festzustellen. Die sagten: „Nein, diese Gesellschaft, so wie sie jetzt ist, muss anders werden. Wir müssen bei uns anfangen." und engagierten sich aus diesem Gefühl heraus. „Zeit zum Umdenken" bedeutet also: Wenn wir uns innerlich nicht verändern, dann werden wir auch die Gesellschaft nicht verändern.

Und so wurde mein Buch, das ich seinerzeit geschrieben habe, „Eltern, Kind und Neurose", wo ich die Kinder als Opfer dieser schweigenden Elterngeneration dargestellt hatte, zur Bibel. Auch die Kinderläden, die auch zu dieser Zeit entstanden, hatten immer die Vorstellung, wir müssen jetzt eine Kindergeneration heranziehen, die solidarisch sein kann.

Und jetzt sehe ich bei den Sechzehn-, Siebzehn- oder auch Achtzehnjährigen, dass sich wieder etwas in diese Richtung bewegt. Es ist beileibe noch nicht zu vergleichen mit damals, aber ich meine, dass die Aktivisten der Friedensbewegung und all diejenigen, die eine andere Politik wollen, heute darauf angewiesen sind, dass die junge Generation ihnen ins Kreuz tritt.

Und das muss von unten kommen. Das kann man nicht von oben herab organisieren oder sich ausdenken.

Welche Rolle spielen in der heutigen Zeit die wachsenden Zukunftsängste der Menschen? Und werden nicht auch Ängste von jeher bewusst eingesetzt, um politische Macht und den Status Quo zu sichern? Sind die Menschen heute zu ängstlich, um tiefgreifende Veränderungen zuzulassen?

Wir müssen zusammenstehen, gerade dann, wenn die Menschen in unserer Gesellschaft durchschnittlich immer älter werden und versorgt werden müssen, wenn immer mehr Menschen sozial ausgegrenzt werden, wenn gleichzeitig die Technologie dazu führt, dass in Produktion, aber auch in Dienstleistung und Verwaltung, nicht mehr so viele Menschen gebraucht werden und wenn parallel dazu Billigarbeit in den europäischen Nachbarländern Menschen arbeitslos oder arm macht. Allmählich dringt daher schon zu uns allen durch: Wir müssen gemeinsam umdenken und lernen, wieder gemeinsam unsere Gesellschaft umzugestalten. Die Frage ist nur, ob dies mit Gerechtigkeit gemacht werden kann, denn das war bislang das große Defizit.

Viele einfache Leute sagen bereits: „Ja, ich bin bereit, mich einzubringen und auch Verzicht zu leisten, aber wenn ich gleichzeitig höre, dass die Gehälter in den Vorständen der großen Unternehmen stetig anwachsen, Unternehmen wegen der Besteuerung ihren Sitz ins Ausland verlagern, dann ist das einfach unerträglich." Diese wirtschaftlichen Entwicklungen sind eine große Schwierigkeit, aber eine weitere Schwierigkeit ist auch, dass die Menschen durch die technologische Revolution immer weiter auseinanderrücken.

Dies ist z.B. gut in der Medizin zu beobachten. Früher war zwischen Arzt und Patient ein menschliches Verhältnis. Der Hausarzt kannte seine Patienten gut, machte auch Hausbesuche und war vertraut mit den Patienten.

Wenn Sie heute zum Arzt gehen, dann hat der Arzt seine Maschinen, die dann automatisch die Diagnostik machen, und sitzt dann, wenn die Befunde alle da sind, vor einem Haufen von Papieren: „Also, hier sind 3,5 %, es dürften aber nur 2,9 % sein." Und das ist es dann! Und wenn der Patient vielleicht noch etwas los werden will, beispielsweise Sorgen, die er hat, Schwierigkeiten mit Kindern oder in der Ehe, dann hört er vom Arzt: „Wissen Sie, wir halten uns hier an das, was die Naturwissenschaft uns gelehrt hat, bitte verschonen Sie mich, denn ich habe nicht mehr die Zeit, mir das anzuhören, denn draußen sitzen bereits weitere Patienten, und daher kann ich mir nicht anhören, was Sie für Kummer haben." Ich bin ja nun ein Arzt von Hause aus und auch ein Psychosomatischer Arzt, das heißt, ich glaube an die Wichtigkeit der Arzt-Patient-Beziehung, und das gilt eben nicht nur im Bereich der Medizin.

Früher gab es beispielsweise die kleinen Läden; da war das Verhältnis so, dass sich die Menschen beim Kaufen und Verkaufen berührten, und heute passiert via Internet vieles, ohne dass Menschen sich in die Augen gucken.

Der berühmte und von mir hochgeschätzte französische Philosoph Emmanuel Levinas sagt hierzu: „Verantwortung von Angesicht zu Angesicht". Wenn ich einem anderen in die Augen sehe, dann kann ich ihm nicht etwas tun, was mir Angst oder ein schlechtes Gewissen macht. Also, von Antlitz zu Antlitz fühle ich meine Verantwortung für den Anderen. Wenn wir aber in einer Gesellschaft leben, wo immer mehr bürokratisiert und technisiert wird und die Menschen einander nicht mehr in Nähe begegnen, dann ist z.B. auch das Suggerieren von Feindbildern sehr einfach.

Hitler hat die Juden bereits 1933 weitgehend aus dem öffentlichen Leben entfernt. Und dann gab es viele, die kannten Juden gar nicht mehr. Dann ist es ganz einfach, den Antisemitismus anzuheizen, weil die Nähe der Menschen zueinander eben fehlt.

Der Friedensforscher Johan Galtung arbeitet auch mit Begriffen und Methoden aus der Medizin, beispielsweise griff er den Dreiklang „Diagnose, Prognose, Therapie" auf und wendet diesen – ebenfalls mit Erfolg – auf die Analyse von politischen und gesellschaftlichen Krisen und Konflikten an. Könnte also das Entstehen von Feindbildern mit Hilfe solcher Begriffe und Methoden weit besser beschrieben werden, als dies mit rein politischen Schemata, beispielsweise dem „Freund-Feind-Schema", gelingt?

Anfällig für Feindbilder und Kriegsbereitschaft sind Menschen und Gesellschaften immer dann, wenn sie mit sich nicht im Reinen sind, wenn viel Ungerechtigkeit herrscht und die Masse der Menschen daher sehr unausgeglichen ist. Der Titel eines meiner Bücher lautet: „Wer nicht leiden will, muss hassen". Letztlich wandelt sich diese eigene innere Unzufriedenheit in Hass, und die Menschen sind dann sehr anfällig und sehr bereit, wenn einer kommt und sagt: Das wird doch alles von „den Juden" gemacht. Die sind schuld, dass es uns schlecht geht.

Man könnte sogar sagen, für viele Menschen erfüllen diese Feindbild-Funktionen heutzutage „die Amerikaner". Es gibt viele Anti-Amerikaner, die im Grund dieses Feindbild brauchen, um in ihrer Haltung – oder besser ihrer Anti-Haltung – einen Halt zu finden. Und, wissen Sie, wir Psychoanalytiker fangen immer wieder mit der Kindheit an und erleben in unserer Praxis: Wenn Kinder von Anfang an Vertrauen in einer sehr guten Umgebung lernen, lernen sie auch Vertrauen in sich selbst und in ihre Umwelt. Und diese Erfahrung bleibt eine gute Grundlage für ihr weiteres Leben. Wenn es aber nicht so ist und Kinder sehr früh Enttäuschungen erfahren, getrennt werden oder unzuverlässige Eltern haben, dann kommt eher ein permanentes Misstrauen zustande und die Bereitschaft, permanent achtsam zu sein und sich fragen zu müssen: „Gegen wen muss ich mich jetzt als nächstes schützen?", nimmt zu.

Ich komme aus der Kinderpsychiatrie, und ein paar meiner Bücher sind gerade deshalb so bekannt geworden, weil sie dies zum Thema haben: Kinder, die geradezu lernen, misstrauisch zu sein und immer aufzupassen: „Was kann mir Feindliches passieren?" – Kinder, die anfällig dafür sind, sich vom Bösen verfolgt glauben, entwickeln dies aus ihrem traumatischen Schicksal heraus und tragen dies in ihre Erwachsenenwelt hinein. Und diese Prozesse wirken selbstverständlich überall, auch in die Friedensbewegung hinein.

Es gibt für mich daher immer zwei Richtungen der Friedensbewegung, die eine ist mehr für das „Pro" und fragt sich: „Wie können wir in unserer Gesellschaft mehr die Kräfte stärken, die auf Verständigung, Versöhnung und sozialen Fortschritt hinzielen?" Und auf der anderen Seite gibt es in der Friedensbewegung die Verbitterten, die Geschädigten und die Misstrauischen, die von Kindheit an erwarten: Die Welt ist schlecht. Und dann bilden sie innerhalb der Friedensbewegung genau die Gruppen, die nur ein „Anti" draufhaben und nur „das Böse" analysieren können. Gemeint sind beispielsweise diejenigen, die im Kalten Krieg nur die amerikanischen Raketen verurteilen konnten.

Und da ist Angst, Misstrauen und Verfolgungsideologie entscheidend. Dagegen glauben diejenigen, die sich für etwas einsetzen wollen, wie es beispielsweise Nelson Mandela als Verfolgter tat, diese Menschen glauben daran, dass man Verständigung bekommen kann. Man kann Ausgleich und Versöhnung schaffen. Wenn wir also mit diesem Optimismus in der Friedensbewegung arbeiten, dann können wir auch Erfolge erzielen.

Herr Richter, vielen Dank für dieses Gespräch.

Noch

Bunte Bilder
Liebe zum Detail
Totale NahAufnahme der Akteure
Bilder vom Kieg der Sterne
Banner gegen Halb
Mond im Morgenland
selbst die Start
Bahnen leergefegt
ab gesehen vom Teufelszeug
Die Jungs immer rasiert, ehe
sie und ab und an eine Frau
in die Lüfte steigen
empor in den ungleichen Kampf
aus sicherer Entfernung
Die Bomben Rakete vorn im Kopf
eine Kamera Liebe zum Detail
bis ins Letzte Höhepunkt
Ein Tor! ZuGabe! Jubelgeschrei
erfolgreich lancierte Liebesgabe
für den Todfeind
Rückblende
Ein FeindFeind schrieb With Love
To Satan Saddam aufs Projektil
Der Oberbefehlshaberpräsident
spricht von der Neuen Weltordnung
Neuem Denken nach dem KriegesSieg
Kassandra
schreit sich die Seele
aus dem Leib
ungehört noch
in der Wüste

Eva Eggelsmann
Lebenserfahrungen und die Pershing 2:
"Wir haben die Erde von unseren Kindern nur geliehen"

Im Herbst 1983 habe ich bei der Menschenkette gegen die Nachrüstung teilgenommen. Die nachfolgende Bundestagsdebatte zum Nato-Doppelbeschluss verfolgte ich gebannt. Die damals regierende SPD trug den Nato-Doppelbeschluss mit. Im Zuge der Nachrüstungsdebatte kam es zu heftigen Auseinandersetzungen innerhalb der Partei. Daraufhin wurde die Vertrauensfrage an Bundeskanzler Helmut Schmidt (SPD) gestellt, in welcher er unterlag. Es kam zum Machtwechsel und von nun an wurde Deutschland 16 Jahre lang von Helmut Kohl (CDU) regiert. Es wurde stationiert! Ich bekam eine bis dahin nicht gekannte Wut auf den Zynismus des Staates – die demonstrieren, wir regieren. Ein paar Wochen vor meinem 17. Geburtstag kamen die ersten Pershing 2 Raketen nach Mutlangen.

WAS FÜR EINE EMPÖRUNG!

Insgesamt wurden 108 amerikanische Atomraketen vom Typ Pershing 2 in Süddeutschland stationiert. Jeweils 36 in Mutlangen, in Ulm und in Heilbronn. Eine Rakete hat eine Länge von elf Metern und einem Meter Durchmesser. Sie ist eine zweistufige Mittelstreckenrakete mit 7,2 Tonnen Gewicht und einer Reichweite von 1850 km - 2200 km. Die Raketen waren in der Lage und im Endeffekt dafür vorgesehen, einen großen Bereich des europäischen Teils der damaligen Sowjetunion zu erreichen. Die durchschnittliche Entfernung von Süddeutschland nach Moskau beträgt 2000 Kilometer. Es war aber nicht nur die Kriegsgefahr, welche in der Luft lag, sondern auch eine weitaus größere Unfallgefahr, welche in diesem unausgereiften Waffensystem steckte.

Lebenserfahrungen und die Pershing 2

Die Testversuche mit den Raketen in den USA waren alle nicht zufriedenstellend. Die Aufstellung der Pershing 2 wurde aus politischen Gründen beschleunigt und war technisch äußerst mangelhaft.

Mein schulisches Umfeld im oberbayrischen Wolfratshausen war weiß/blau konservativ. Das Thema Nachrüstung wurde einfach ausgespart.

Meine Geschichtslehrerin warnte uns unterdessen mehrmals vor den Russen. Der Sozialkundelehrer beschwor uns, dass von Atomraketen keine Gefahr ausgehe (ähnlich, wie Franz Josef Strauß später die WAA mit einer Fahrradspeichen-Fabrik verglich) und unser Klassenlehrer hielt es noch nicht einmal für nötig über Krieg und Frieden zu sprechen.

Die Schulzeit war für mich ohnehin schon ein Desaster und zum Schluss sollte es noch einmal richtig schlimm werden. In Bezug auf Krieg und Frieden hatten meine Eltern ihre eigene Geschichte.

Meine Mutter war im Krieg aufgewachsen. Ihr Vater hatte eine führende Rolle in der NSDAP.

Aus einem mir bis heute nicht erklärlichen Grund wird er immer nur als Vater und nicht als einflussreicher Nazi gesehen. Dennoch hat sie diese Ideologie nicht geprägt. So hat meine Mutter mich vor allem in den Anfangszeiten öfters als eindeutige Kriegsgegnerin auf den Fahrten nach Mutlangen begleitet.

Mein Vater wurde sehr jung noch gegen Ende des 2. Weltkrieges eingezogen und kam Jahre später aus französischer Gefangenschaft zurück. Der Krieg war in unserer Familie kein Tabuthema und wurde kritisch diskutiert. Aber für den Frieden und gegen die Nachrüstung ist mein Vater nicht aktiv eingetreten. Für meinen Bruder war der Umweltschutz wichtiger als die Nachrüstung. Dennoch hat er mir den Rücken gestärkt. Dafür bin ich ihm bis heute dankbar.

Zwei Monate nach der Stationierung der Pershing 2 Raketen, Ende Januar 84, kam ich mit meinem Bruder und zwei seiner Freunde das erste Mal nach Mutlangen. Nach meiner anhaltenden Empörung wollte ich die „Nachrüstung" sehen.

HIER BIN ICH – GEGEN DIE PERSHING 2!

Bei diesem Besuch passierte nichts Spektakuläres, aber ich war zutiefst beeindruckt. Zutiefst beeindruckt war ich von den Menschen, die in Mutlangen Widerstand lebten. Das war konsequent! Konsequenz war das, was ich so sehr vermisste in meinem Leben. Ich hatte das Gefühl, hier bin ich am richtigen Ort. Die Idee, diesen Ort nicht mehr zu verlassen, bis die Atomraketen abgezogen werden, war für mich unheimlich konkret.

Die Mahnwache am „Checkpoint Charlie" war damals noch rund um die Uhr besetzt. Der Checkpoint Charlie war sozusagen der vorgezogene Einlass zum Depot. Das Ganze bestand aus zwei lächerlichen Scherengittern. Das eigentliche Atomraketen-Depot war weitläufig mit mehreren Schichten Nato-Draht umzingelt – und dieser wiederum von mehr oder weniger vielen Demonstranten. Hinter dem Scherengitter stehen zwei voll bepackte amerikanische Soldaten mit jeweils einem Maschinengewehr über der Schulter. Neben ihnen steht ein Feldtelefon. Später denke ich mir, das Berufsbild eines Soldaten zeichnet sich wohl zu einem großen Teil durch Stehen – bei jedem Wetter – aus. Deutsche Polizei ist ebenfalls vertreten und hat eine Zweigstelle im Depot eingerichtet. Hinter dem Scherengitter befinden sich zwei private Schrebergärten und Felder, bis sich dann in ca. 300 Meter Entfernung das Depot befindet. Es sieht alles ziemlich unprofessionell aus.
Solange kein Militärverkehr stattfindet, ist es relativ ruhig. In dieser Zeit finden Gespräche mit Soldaten und Polizei statt.

Bei meinem ersten Besuch vor dem Tor sind etwa 15 Leute da. Einige malen Friedensparolen auf Pappe. Auf einem steht „Piss on the Pentagon". Einer der Dauerpräsenz kommt, dreht das Plakat um und sagt: „Keine Provokation!"
Er hat schulterlange braune Haare und einen Vollbart. Auf seinem Parka steht in roten Buchstaben: „Wer A sagt, muss auch ein O darum machen!"

Er verkörperte das Erscheinungsbild, wie die Dauerpräsenz gerne beschrieben wurde. Die Dauerpräsenzler sahen nicht aus wie Politiker, aber sie machten Politik. Es war eine Gruppe von ca. 12 bis 20 Menschen, welche immer in Mutlangen vor Ort und jederzeit ansprechbar waren.

Die Pressehütte war der Mittelpunkt des Widerstandes und war Herberge für die Menschen der Dauerpräsenz, eine Holzhütte auf einem Eckgrundstück, etwa 500 m entfernt vom Depot, nach vorne ein Fenster, in dem ein großes Peace-Zeichen hängt. Ich gehe durch eine kleine Holztüre hinein, es geht einen Absatz hinunter. Durch einen kleinen Gang kam man in die Küche. Zwei Kochplatten, eine Wanne und Lebensmittel stehen herum. An der Wand hängt ein Plakat: „Pressehütte alkohol- und rauchfreie Zone". Daneben noch eins: „Kampf dem Siff". Oben an der Wand steht in großen Buchstaben „HERZLICH SOLLS SEIN" und es war herzlich!

Es folgen weitere Besuche. Eine Aufgabe ist es, die Dauermahnwache am Tor rund um die Uhr aufrecht zu erhalten. Vor allem nachts werden immer Leute gesucht. In der Küche der Pressehütte stehen dafür ca. zehn bis fünfzehn Thermoskannen unterschiedlicher Qualität. Diese werden meistens mit starkem Kaffee und viel Zucker gefüllt. Das half nach dem damaligen Stand gegen Kälte und Müdigkeit. Es schmeckte schrecklich, hielt aber wach.
Wir wechselten uns alle zwei Stunden mit der Mahnwache ab. Die Soldaten mit ihrer Wache nur alle acht Stunden. Was für ein Job!

Die Pressehütte war eine einfache Scheune. Bevor sie ihren ehrenvollen Namen bekam, wurden darin Tauben gezüchtet. Lange waren noch Reste der Drahtkäfige und Abteilungen zu sehen, die jetzt als Schlafplätze für Menschen dienten. In der Mitte des Erdgeschosses befand sich eine Garage, in welcher der VW-Käfer des damaligen Besitzers der Hütte stand.

Er und seine Frau lebten gutbürgerlich und eher unauffällig in Mutlangen und waren wohl die couragiertesten Menschen im ganzen Umkreis. Sie stellten uns die Pressehütte zur Verfügung und verkauften später das Grundstück an den Verein „Friedens- und Begegnungsstätte Mutlangen". Das Ehepaar erlitt mindestens genauso viele Anfeindungen wie wir. Es gab Zeiten, in denen auch ihr Haus vor Angriffen aus der Bevölkerung geschützt werden musste.

Bei meinen ersten Besuchen im Winter übernachtete ich öfters im Spaß-Haus. Einem selbst organisiertem Jugendzentrum in Schwäbisch Gmünd. Das Spaß-Haus war ein Hinterhaus mitten in der Stadt, es war chaotisch, aber dennoch gemütlich. So was hätte ich mir für meinen Heimatort gewünscht. Von hier aus wurde der über viele Jahre währende SONNTAGS-SPAZEIRGANG ums Depot organisiert – angelehnt an den Sonntagsspaziergang gegen die Startbahn West. Der Spaziergang um das Pershing 2 Depot wurde zum feststehenden Ritual. Jeden Sonntag trafen sich zwischen 20 und 60 Menschen um 14 Uhr am Tor. Nicht selten wurden dabei Löcher in den Natodraht geschnitten oder Durchgänge geschaffen und der erste vorgezogene Sperrbereich durchquert.

Beim Sonntagsspaziergang wurde Wert darauf gelegt, den Militärapparat zu stören, dabei aber Festnahmen möglichst zu vermeiden. Im hinteren Bereich des Geländes gab es einen Funkturm, welcher regelmäßig in die Aktionen mit einbezogen wurde. Manchmal wurde er besetzt. Einer der „Spaziergänger" schmetterte dort einmal in luftiger Höhe das Lied „Über den Wolken muss die Freiheit wohl grenzenlos sein". In der Tat war die Freiheit oben größer als unten.

Pfingsten 84 fahren wir zu acht von München mit den Fahrrädern nach Mutlangen. Die Fahrt gestaltet sich zeitweise etwas mühsam, da nicht alle so trainiert im Rad fahren sind – mir kann es dabei nicht schnell genug gehen. Während der Fahrt feiern wir den 21.Geburtstag meines Bruders. Innerhalb von zwei Tagen sind wir an unserem Ziel. Zu Pfingsten gibt es ein Zeltlager am anderen Ende von Mutlangen. Ein großes Schild mit der Aufforderung zur Mülltrennung und mehrere Behälter dazu fallen uns gleich ins Auge – zur großen Freude meines Bruders. Nachdem aber auf dem Grundstück der Pressehütte ein großes Zelt aufgestellt ist, schlagen wir dort unser Lager für die nächsten Tage auf. Es sind bei weitem nicht so viele Leute gekommen wie erwartet. Trotzdem ist reger Betrieb an Menschen zwischen Depot und Pressehütte. Der Militärverkehr steht so gut wie still, wie es während Großdemonstrationen meistens der Fall ist. Vor dem Tor sind immer Leute, und der obligatorische Spaziergang ums Depot findet mehrmals täglich statt.

Am Pfingstmontag ist eine Blockade der Bismarck Kaserne in Gmünd angekündigt. Es werden Militärfahrzeuge blockiert. Spannung liegt in der Luft. Es gibt ein Gerangel mit der Polizei. Mir fällt auf, dass bereits bekannte Demonstranten besonders grob behandelt werden. Ich werde das erste Mal selbst Zeuge, wie willkürlich und unmenschlich Polizeieinsätze sein können.

Einer der Dauerpräsenzler nimmt sich unserer kleinen Gruppe an. Seine äußere Erscheinung passt nicht gerade zum typischen Dauerdemonstranten. Er ist akkurat gekleidet und geht mit einem silberbeschlagenen Stock, er hat stets ein ledernes Arztköfferchen bei sich, ebenso liegen seine Zigaretten fein säuberlich in einer silbernen Dose. Es kommt auch vor, dass er sich mit dem Taxi zum Depot oder zur Pressehütte fahren lässt. Kurzzeitig glaube ich in einem Film zu sein. Dahinter steckt ein absolut liebenswerter und feinfühliger Mensch. Auf jeden von uns hat er einen tiefen Eindruck hinterlassen. Seine Erfahrungen und Geschichten sind interessant und eine echte Bereicherung.

Abends sehen wir uns gemeinsam Fotos von unterschiedlichen Situationen in Mutlangen an. Die Bilder haben eine eindeutige Aussage: Hier sind Menschen, welche sich mit aller Konsequenz gegen politische Ungerechtigkeit und Unterdrückung einsetzen.

Bei unserem Pfingstbesuch lernen wir auch die Stammkneipe, den „Türken", kennen. Sie ist der fast allabendliche Treffpunkt der Demonstranten. Der Wirt macht dadurch über einige Jahre das Geschäft seines Lebens. Nicht zuletzt, weil uns der Zutritt zu den meisten anderen Gaststätten verwehrt wird. Mutlangen zieht Menschen aus den unterschiedlichsten Schichten und Gründen an. Ein Mann fällt sehr auf, weil er seit Tagen unter Speed-Tabletten steht. Seine Orientierungslosigkeit betrifft mich sehr. Es gelingt mir nur mit Hilfe eines Dauerpräsenzlers mich davon abzugrenzen.

Meine Gefühlswelt gerät dabei völlig durcheinander. Krieg, Frieden, Gewalt, Liebe. Trotzdem zieht es mich nach Mutlangen, mehr denn je. Ich bekam das Gefühl hier einen Auftrag zu erfüllen. In Mutlangen war immer eine eindeutige Ernsthaftigkeit zu spüren.

Lebenserfahrungen und die Pershing 2

Die 56th Field Artillery Brigade hat ihren Sitz in der Hardt- und der Bismarck Kaserne in Schwäbisch Gmünd. Sie ist von der amerikanischen Regierung beauftragt, die Pershing 2 zu „beschützen" und zu bedienen. Die P 2 ist ein mobiles Waffensystem. Deshalb werden die Raketen vorbei an Kindergarten und Schule zu Manöverübungen im näheren und weiteren Umkreis transportiert. Ein paar Kilometer hinter Mutlangen stößt dies auf regeres Interesse als in Mutlangen selber. So oft wie möglich werden Manöververfolgungen vor allem von der Dauerpräsenz organisiert. Handys gab es damals noch nicht – dafür aber gute Koordination, Telefonketten und Solidarität.

Stellungsbesuche wurden organisiert. Besuche im ach so grünen Wald sind bei den Kriegsspielen und Kriegsvorbereitungen nicht erwünscht. Viele hätten mit unserer Hartnäckigkeit nicht gerechnet. Aber Mutlangen hat seinen Namen nicht umsonst, denn:

UNSER MUT WIRD LANGEN!

Nach Pfingsten war ich gedanklich und gefühlsmäßig mehr in Mutlangen als zuhause. Die Schule wurde weiterhin zur Qual. Sie blieb standhaft unpolitisch. Die Lehrer bewegten sich zwischen Dummheit und Gemeinheiten. Und auch meine Mitschüler konnten oder wollten mein Interesse kaum teilen. Mutlangen hatte auf mich einen so starken Eindruck hinterlassen, dass ich mich schnell in einer anderen Welt befand. Es ist nach wie vor eine für Außenstehende schwer zu vermittelnde anhaltende Situation von Krieg, Frieden, Liebe und Gewalt. Die „neue" und die „alte" Welt zu verbinden war schwer. Viele meiner Bekannten und Verwandten wollten sich nicht wirklich damit beschäftigen. Ich war mir jedoch meiner Sache sicher.

So bestärkte mich jeder Besuch in Mutlangen. Es war sehr gut für mich, einen Aktiven der Pressehütte näher zu kennen. Wir führten jedes Mal lange Gespräche. Für mich war er in jener Zeit ein großes Vorbild. Ich hatte das Gefühl, die Leute, die hier sind, wissen genau, wo's lang geht. Die Pressehütte wurde mir von Mal zu Mal vertrauter. Das bunte Durcheinander gefiel mir. Es war chaotisch, aber dennoch strukturiert. Das Büro war in der Mitte des ersten Stocks und war rund um die Uhr besetzt. Das Telefon stand selten still, dafür gab es jeweils ein „Rein-" und ein „Raus-" Telefon. Die Telefonnummer der Hütte war eine der wenigen Nummern, die ich auswendig konnte.

Nach Pfingsten kaufte ich mir ein schwarzes Tagebuch mit roten Ecken, in welches ich von Zeit zu Zeit meine Gedanken und Erlebnisse reinschrieb. Es folgten viele Besuche in Mutlangen. Ich verbrachte viel Zeit vor dem Tor. Dabei war ich nicht immer richtig glücklich, doch ich hatte immer das Gefühl am richtigen Ort zu sein. Ich schlief nun im Zelt bei der Pressehütte.

Bald danach und ohne Vorankündigung fingen die amerikanischen Soldaten an, die ersten Reihen Nato-Draht abzubauen. Somit wurde das Scherengitter am „Checkpoint Charlie" zur Legende und die herübergeflogenen Fußbälle vom Sportplatz konnten auch ohne militärische Hilfe geholt werden, zur Freude der Mutlanger Bürger. Kurz nach der Stationierung gründete die Mutlanger Bevölkerung eine in der Bundesrepublik einzigartige Initiative für eine „Demonstrationsfreie Zone" in Mutlangen. Dies äußerte sich darin, dass in mehreren Läden Unterschriftenlisten gegen uns auslagen. Ebenso hatten wir in einigen Lokalen Hausverbot. Einige wollten uns „vergasen" oder „ an die Wand stellen". Es war ein eigenartiger Bogen, der sich zwischen dem 2.Weltkrieg und der Stationierung der Pershing 2 spannte.

Die Nutzung der Pressehütte betreffend gab es auch ständige Schikanen von Seiten der Gemeindeverwaltung. Dazu gibt es zum Beispiel seitenweise Abhandlungen über die Einrichtung bzw. die Nutzung eines mit Wasser gespülten Klos. Die Mutlanger waren nicht gegen die Nachrüstung, sondern gegen die Demonstranten. Und dieser Zustand sollte sich über viele Jahre halten.

Nun konnte man ungefähr 300 m weiter gehen, auf ehemals militärischem Sperrgebiet bis zum eigentlichen Tor des Depots. Dieses war nun schon etwas perfekter als das vorige. Es bestand aus zwei etwa vier Meter mal zwei Meter fünfzig langen grünen Stahlrahmenflügeln, welche mit Maschendraht versehen waren, und obendrauf noch drei Reihen Stacheldraht. Das Tor wurde weiterhin manuell geöffnet und verschlossen.

Lebenserfahrungen und die Pershing 2

Gegenüber der dahinterliegenden Gefahr war es allerdings ein Klacks. Die Wachsoldaten hatten nun ein kleines Häuschen hinterm Tor und waren so nicht mehr Wind und Wetter ausgesetzt. Entlang des Depots wurde die Sichtschutzwand zu den Raketen erweitert. Dies wirkte allerdings nur, wenn sie ruhten. Wenn die Pershing 2 in Stellung gebracht wurden, überragten sie das Depot weit sichtbar. Dann lag immer eine gewisse Gefahr in der Luft. Ich hatte nie eine Krieg erlebt, dennoch empfand ich eine unbeschreibliche Bedrohung durch die Kriegsmaschinen.

Am 11.August 84 sagte der US Präsident Ronald Reagan bei einer Sprechprobe für die Aufzeichnung seiner wöchentlichen Rundfunk- und Fernsehansprache, welche zufällig mitgeschnitten wurde: „Liebe amerikanische Landsleute, ich freue mich, Ihnen sagen zu können, dass ich ein Gesetz unterzeichnet habe, das Russland für immer für vogelfrei erklärt. Wir beginnen in fünf Minuten mit der Bombardierung." Er wurde dafür nicht bestraft! – Frei nach dem Motto: In Amerika ist alles möglich!

In meinem Heimatort gab es einen sehr engagierten Diakon. Mit Gott konnte ich nicht viel anfangen, aber er brachte gut rüber, um was es Jesus eigentlich ging. Er schaffte es, mein Vertrauen zu bekommen, welches zu manchem guten Gespräch führte. Im Sommer 84 kämpfte ich schwer mit der Entscheidung, entweder mit der evangelischen Jugend in die Türkei zu fahren oder die Zeit in Mutlangen zu verbringen. Ich wusste, dass die Gruppe und die Türkei mich nicht weiterbringt und entschied mich trotzdem dafür. Die vier Wochen schienen endlos zu sein und ich war eindeutig am falschen Platz. Als ich zurückkam, wartete auf mich ein Brief der Dauerpräsenz, welchen ich mit tränenüberströmtem Gesicht in Empfang nahm.

In der Pressehütte wurden oft Diavorträge gehalten. So konnten Besuchern die Zusammenhänge um die Pershing 2 mit all ihren Auswirkungen anschaulich vor Augen geführt werden. Die Bilder wurden immer wieder aktualisiert – und mit Herz und Verstand den Menschen nahe gebracht.

Sich konsequent, ohne Abstriche für eine Sache einsetzen und dabei große Herzlichkeit bewahren – das waren zwei Eigenschaften, die vor allem anderen für einen Menschen sprachen.

Lebenserfahrungen und die Pershing 2

Das politische Nachrichtenmagazin Monitor brachte im deutschen Fernsehen eine Sendung über die Pershing 2 und Stellungnahmen der Pressehütte. Von 13 Testversuchen mit der Pershing 2 schlugen elf fehl und zwei waren nur bedingt bis nicht tauglich. Unter diesen Voraussetzungen sind die Atomraketen in Deutschland stationiert worden! Die Pressehütte liefert weitere Unfallberichte dazu – wie der von Heilbronn. Hier brach im Depot bei Übungen ein Feuer aus, wobei sich zwei US-Soldaten tödliche Brandverletzungen zuzogen. Oder dem Unfall im Walkersbacher Tal, als eine Pershing 2 Rakete mit Atomsprengkopf bei Manöverübungen von der Lafette runter fiel und zerbrach. Der Erdboden wurde danach weiträumig ausgehoben! Es gab eine kurze Anhörung, aber die Pershing 2 blieben im Land.

Von einem Mann bekam ich jedes Mal einen Kuss zur Begrüßung. Das war ein Mann! Stark und groß. Kein Weichei und kein Müsli-Esser. Er hatte mich gedanklich und emotional gefesselt. Er hatte eine gewisse Tiefgründigkeit, die ich suchte. Daraus entstand über viele Jahre eine nie richtig ausgesprochene Liebesbeziehung. Eins der wenigen Dinge, die ich in der Schule gelernt habe, war Englisch. Die Gespräche mit den amerikanischen Soldaten am Tor waren trostlos und deprimierend. Viele der Soldaten wussten über politische Zusammenhänge nur unzureichend Bescheid. Die meisten kamen aus sozialen Problemlagen in die Armee und hatten Drogenprobleme. Schwäbisch Gmünd war damals bekannt als Umschlagplatz für harte Drogen. Und manche Soldaten bewachten in diesem Zustand eins der gefährlichsten Waffensysteme in Europa.

Die Gespräche mit der Polizei waren anders. Es gab mitunter Polizisten, mit denen man besser über Politik sowie Krieg und Frieden reden konnte.

Dann aber konnte im nächsten Moment das Kommando zur Räumung kommen und man bekam von demselben Polizisten den Schlagstock in den Nacken oder den Arm verdreht. Ich bekam eine Ahnung davon, was es heißt im Widerstand zu leben.

Nun hatte ich mich der Sache verschrieben, und Mutlangen wird der Mittelpunkt meines Lebens. Und der Abstand zu meinem alten Lebensumfeld wird immer größer. Es war mir klar, dass ich an Blockaden mit all ihren Konsequenzen teilnehmen werde und Gesetzte übertrete. In Mutlangen wurde weit über den Protest hinausgegangen. Die Sprache des Protests ignorierten die Politiker ja ohnehin. In Mutlangen wurde gehandelt. Der Militärapparat wurde mit den vielfältigsten Aktionen gestört, und das sorgte weit über die grenzen des schwäbischen Dorfes für Aufsehen. Wir benutzten unsere Körper und unseren ganzen Mut und setzten sie den Atomraketen und letztendlich auch dem staatlichen System entgegen.

An Heilig Abend 84 bleibe ich schweren Herzens zu Hause im Familienkreis. Zum Glück war in unserer Familie nur der 24. Dezember heilig. Am nächsten Tag fuhr ich mit dem Zug nach Mutlangen, die wohlbekannte Strecke seit fast einem Jahr. Gerade um die Weihnachtszeit ist es mir ein großes Bedürfnis im Widerstand zu leben. Immer mehr fühle ich mich im Umfeld der Pressehütte zu Hause. Und spätestens jetzt steht für mich fest, dass ich nach den Schulprüfungen in fünf Monaten ganz nach Mutlangen kommen werde. Was für ein weitreichender Entschluss! Ich blieb zwei Wochen lang und konnte mich kaum trennen. An Silvester hatten wir in tagelanger Vorarbeit Holz herbeigeschafft, um vor dem Depot ein Feuer zu machen. Als wir an diesem Abend Hand in Hand vor dem Tor stehen, kommt ein tiefes Gefühl der Versöhnung in mir auf. Von einem Mann werde ich fest im Arm gehalten. Dieses gute Gefühl trägt mich ins neue Jahr hinein.

Lebenserfahrungen und die Pershing 2

An Weihnachten 84 geht eine schwangere Frau der Dauerpräsenz und eine Mutter in das Depot. Nicht ohne Risiko, es ist nicht auszuschließen dass die GI's schießen. Es gelingt ihnen in den innersten Sicherheitsbereich vorzudringen. Dort malen sie Militärfahrzeuge an und spielen dann Flöte. Diese Aktion wird in die Geschichte eingehen. Ich bin zutiefst beeindruckt. Hier Zitate der beiden Frauen:
„*Wir überwanden in eisiger Kälte vier Nato-Draht Hürden und einen Maschendrahtzaun, krochen an Wachsoldaten vorbei bis zu den P 2 Containern die wir mit Frauenzeichen bemalten. Unser Unternehmen dauerte drei Stunden, bis wir entdeckt wurden. Am Schluss zündeten wir Kerzen an und ich spielte auf der Flöte das Lied 'Stille Nacht - Heilige Nacht'. Mutlangen hier und heute, ein Jahr sehen, hören, fühlen. Mit meiner Bewusstheit bin ich dazu verpflichtet abzurüsten.*"
Und:
„*Diese Aktion war Konsequenz meines Mutlanger-Daseins – deswegen bin ich nach Mutlangen gegangen – nicht um zu protestieren, sondern um zu handeln. Wir wählten den 24. Dezember als eine Tag, von dem wir wussten, dass Millionen von Menschen an Frieden dachten.*

Ich war im neunten Monat schwanger und ich musste diesen Schritt tun, noch bevor mein Kind zur Welt kam – in das Lager hinein gehen! Es war mir klar, dass ich nach über einem Jahr Mutlangen nicht ein Kind in die Welt setzen kann mit dem Gefühl – das ist eine Chance, eine neue Hoffnung. Ich fühle mich verpflichtet, diesem neuen Leben Platz zu schaffen, um diese neue Chance überhaupt zu gewährleisten."

Ich dachte: Was für eine Ernsthaftigkeit! Im Januar 85 werden die ersten beiden Kinder der Dauerpräsenz geboren. Die beiden Mütter ziehen sich langsam zurück. Nicht ohne Verluste für sich selbst und für die Gruppe. Auch einige andere Leute der alten Gruppe gehen in den nächsten Monaten. Weniger aus politischer Frustration, sondern wegen zwischenmenschlichen Problemen. Obwohl jeder den Anspruch hat Konflikte anders zu lösen.

Als in diesem Frühjahr der letzte Schnee weggetaut ist, stelle ich mein eigenes erstes Zelt auf dem Grundstück der Pressehütte auf. Es ist sehr klein, hält aber Wind und Regen ab. Das Zelt war ein Geschenk meiner Patentante. Ich nahm es dankend an, auch wenn ich mir mehr gewünscht hätte, sie käme mal nach Mutlangen. Ein anderes Zelt steht unter einem Apfelbaum. Und sein Bewohner zog mich in seinen Bann. Jetzt hatte ich zwei Verehrer. Er war nicht einfacher, aber dafür ganz anders. Zart, sensibel und ein gebrochener Mensch. Er trug eine Ehre in sich, die ihn zu jemand Besonderem machte. Er hätte nie jemanden verraten. In kurzer Zeit hatten wir großes Vertrauen zueinander gefasst, mit starken Gefühlen, die für mich völlig überwältigend waren.

Er bewegte sich jedoch auch in einer ganz anderen Welt, die mir nicht vertraut war. Es war eine Welt der Abgründe. Es sitzt stark in den Knochen, wenn man einem Menschen, den man liebt, nicht helfen kann.

In Mutlangen habe ich erfahren, wie viel Liebe mit Enttäuschung zu tun hat. Und wie viel Schaden Enttäuschung und Verlassenheit im Menschen anrichten kann, bis hin zu der Erkenntnis, dass manches irreparabel ist.

Ich gewöhne mir an, meinen Personalausweis immer in der Hosentasche zu haben. Bei Festnahmen kann es problematisch werden, ihn nicht dabei zu haben. Die Menschen in Mutlangen zeichneten sich durch Konsequenz und Herzlichkeit aus. Nicht jeder der Dauerpräsens kam wegen der Nachrüstung an diesen Ort, doch jeder begriff schnell, um was es letztendlich ging. Die extremen Erfahrungen waren eine Bereicherung für die Gruppe, grenzten uns aber nach außen hin auch ab. Die Gruppe schmolz zusammen und es gab eine unausgesprochene Solidarität untereinander. Die Pressehütte wurde zu einer Kommune, ohne dass wir uns so definierten. Wir lebten mit den einfachsten Mitteln. Komfort war nicht wichtig und wurde auch nicht eingefordert. Das, was wir hatten, wurde untereinander aufgeteilt und reichte für alle. Und genau das genoss ich. Hier war mein Platz. Jeder Tag und jede Nacht war eine neue Herausforderung.

Die größte Herausforderung war, der ständigen Gewalt auf der Straße standzuhalten, die vom Militär, der Polizei und mitunter auch den Bürgern ausging. Dem konnten wir unsere entschlossene und gemeinschaftliche Lebensform entgegensetzen. Im Juni 85 hatte ich meinen letzten Prüfungstag in der Schule. Am nächsten Tag zog ich nach Mutlangen. Ich bin herzlich willkommen! Nun gehöre ich fest zur Dauerpräsenz. Was für ein beglückendes Gefühl. Mein Entschluss war völlig klar und ich hatte nach der Schulzeit endlich das Gefühl etwas Sinnvolles zu machen. Nach ein paar Tagen kaufte ich mir meine ersten Springerstiefel in Schwäbisch Gmünd. Wenn man viel draußen ist, braucht man feste Schuhe und sie hielten den Ansprüchen stand. Ich fühle mich unheimlich gut damit.

Kurz danach stelle ich mein richtiges Zelt auf, unterm Kirschbaum, auf dem bald darauf die Kirschen reiften. Im Vorzelt steht ein kleines Bäumchen, welches im nächsten Frühjahr vorzüglich gedeiht. Das Zelt ist geräumig und trocken. Das ganze Jahr darin zu leben, ist für mich eine Herausforderung. Im Zelt neben mir wird nächtelang über Krieg und Frieden diskutiert, es scheint kein Ende zu nehmen und bleibt dabei trotzdem immer interessant und dem Menschen zugewandt. Es ist schön, auch hier die Nähe der Freunde zu spüren.

Zwei bis mehrmals pro Woche ist Plenum, hier geht es um Organisatorisches, Aktuelles, Internes und um das Leben. Die Kontoführung der Pressehütte wird in diesem Sommer neu übergeben. Ich bin nun eine von vier Leuten, die dazu berechtigt sind. Der Vertrauensbeweis der Gruppe stärkt und ehrt mich sehr. Manchmal findet das Plenum im Garten statt, meistens jedoch oben neben dem Büro. Dann hängt meistens eine Dunstwolke des „Schwarzer Krauser"-Tabaks über dem Tisch. Ein rauchfreies Plenum geht meistens schneller, aber ist manchmal auch von störenden Rauchpausen unterbrochen. Die Plena sind von unterschiedlicher Qualität, ein Diskussionsforum bieten sie aber immer.

Eine lang anhaltende Diskussion über den Gewaltbegriff nimmt viel Raum ein. Dazu gibt es jede Menge unterschiedlicher Einstellungen, die stark von der jeweiligen Lebenssituation abhängen. Da gibt es die `dogmatisch Gewaltfreien´, deren Anliegen die Vermittelbarkeit von Blockaden ist und die Sachbeschädigung weitgehend ausschließen. Mit Sachbeschädigung ist hier vor allem das Werfen von Farbbeuteln und das Aufschneiden von Nato-Draht gemeint. Aber auch Krähenfüsse kamen zum Einsatz. Diese spitzen, dreieckigen Eisenteile wurden Militär- und Polizeifahrzeugen unter die Räder gelegt.

Eine andere Gruppe definiert Gewalt anders und bezieht Sachbeschädigung mit ein. Sie versuchen, mit möglichst vielen Aktionen dem Militärapparat möglichst viele Hindernisse in den Weg zu legen, ohne sich dabei festnehmen zu lassen. In der Praxis vermischen sich die Grenzen allerdings. Innerhalb der Gruppe haben alle bereits mehrere Festnahmen hinter sich und haben damit längere Haft- und Geldstrafen zu erwarten.

Die „Blockade" war eine der wichtigsten Methoden der gesamten Friedensbewegung, um sich gegen den Rüstungswahnsinn zu wehren und darauf aufmerksam zu machen. Viele bezeichneten dies als notwendigen zivilen Ungehorsam. Vor allem die Pershing 2 Transporter wurden bei Ein- und Ausfahrten blockiert, aber auch die gesamten Fahrzeuge der 56. Brigade. In der Praxis sah das so aus, dass ein Mensch alleine die Straße blockierte – oder sich mehrere Menschen unterhakten und gemeinsam auf die Straße setzten oder stellten. Die Amerikaner selber durften die Straße nicht räumen, sondern mussten warten, bis die Polizei die Demonstranten dreimal aufgefordert hatte, die Straße zu verlassen. Es kam jedoch immer auf die Anzahl der Menschen und die Stimmung an, wie die Blockaden verliefen.

Durch Beschwerden der Anwohner sind Streitigkeiten aufgekommen. So fühlen sie sich durch Blockaden im Wohngebiet sehr gestört, aber auch eine Krachdemo rund ums Depot fanden sie sehr unangenehm. Solche Beschwerden gingen leider immer wieder an den Verein oder an den Bürgermeister. Keiner der Anwohner hatte je die Courage, mit uns direkt darüber zu reden. Wenn immer nur über Dritte gesprochen wird, verhärten sich die Fronten natürlich. Dabei ist es schwierig, Verständnis füreinander aufzubringen. Im Endeffekt wollen doch alle ein Leben ohne Gewalt und Krieg, ohne Unterdrückung und Hunger. Auch unsere Stammkneipe, der „Türke", ist ein Insiderlokal. Es blieb neben einem Bier und Zaziki immer ein Ort für interessante und tiefgreifende Gespräche und Begegnungen.

Die heimische Presse ist uns nicht immer wohlgesinnt. Nicht selten sind wir damit beschäftigt Gegendarstellungen zu verfassen. Dafür haben wir aber gute Kontakte zur überregionalen Presse. Über mehrere Jahre genießen wir die Solidarität und häufige Anwesenheit eines Spiegel-Fotografen. Durch seine erstklassigen Bilder rund um das Militär, aber auch von der Pressehütte und deren Bewohnern hinterlässt er tief beeindruckende Bilder und Geschichten.

Täglich bekommen wir vier Tageszeitungen, jede Menge politische und private Post. Oft kommen auch Pakete mit liebevollem Inhalt. Zur Büroarbeit gehört die Führung des Pressespiegels, welcher in mehreren Leitz-Ordnern abgeheftet wird. Neben den beiden Telefonen liegt stets ein schwarzes Buch mit roten Ecken – das Tagebuch. Hier wird alles Wichtige vom Tag niedergeschrieben: Manöverbeobachtungen, Blockaden, Polizeieinsätze und Übergriffe. Es bietet aber auch Raum für persönliche Gefühle und Eindrücke. Die Tagebücher spiegeln den Alltag in Mutlangen wieder. Damit in der Dokumentation keine Lücke entsteht, liegt immer schon ein neues leeres Exemplar im Regal, mit roten Ecken.

Mit Hilfe eines alten Radios wird rund um die Uhr Polizeifunk abgehört, was unsere Arbeit erleichtert. Das Abhören ist erstaunlich einfach. Es ist jedoch nicht nur hilfreich, sondern zwischendurch auch lustig für uns. Wir gehen allerdings davon aus, dass auch wir abgehört werden. Auch die Gefahr von Spitzeln ist groß, da die Pressehütte ein offener Ort ist.

Das Büro ist rund um die Uhr besetzt. Die Hornbergstrasse ist vom großen Fenster aus gut einsehbar. So können wir immer beobachten, was aus dem Depot raus und was rein fährt. Für den Bürodienst gibt es einen Plan. Alle vier Stunden gibt es einen Wechsel, nur nachts ist die Schicht von null Uhr bis acht Uhr morgens. Der Nachtdienst hat Qualitäten, manchmal hat man Zeit zum Briefeschreiben und seinen eigenen Gedanken nachzuhängen. Oft sind es aber auch intensive, manchmal auch ungewöhnliche Gespräche und Besuche, die die Nachtschicht zu etwas Besonderem machen. Bis dahin wusste ich gar nicht, wie früh die Sonne im Sommer aufgeht. Sie schien direkt zu uns herein.

Nachts träumte ich öfters von Polizeiübergriffen. Im Traum wurde mir einmal der Personalausweis abgenommen und entwertet. Den bräuchte ich nun nicht mehr, wurde gesagt. Es war ein komisches Gefühl aus solchen Träumen aufzuwachen, und die Wirklichkeit war erschreckend nah. Aber auch hier war die Gruppe ein Rückhalt, man war nicht allein damit.

Im Sommer machten wir einen Frauenausflug in die Oberpfalz und nahmen den zukünftigen Bauplatz für die Wiederaufbereitungsanlage in Wackersdorf in Augenschein. Der Taxöldner Forst erschien mir in seinem vollen Glanz und war mit einem Meer von Blaubeeren gesegnet. Nie mehr habe ich so gute und viele Blaubeeren direkt vom Strauch gegessen. Auch Jahre später, als die Kämpfe um die WAA beendet waren, wuchsen die Blaubeeren nicht mehr nach. Schon allein das war ein Verbrechen.

Lebenserfahrungen und die Pershing 2

Eine Wiederaufbereitungsanlage dient dazu, abgebrannte Brennstäbe von Atomkraftwerken aufzuarbeiten, um daraus Plutonium zu gewinnen. Plutonium wird für die Herstellung von Atomwaffen benötigt. Franz Josef Strauß nannte die WAA eine fortschrittliche Recycling-Anlage.

Am 9. August 85 – dem Nagasaki-Tag – ist viel Betrieb im Depot. Heute jährt sich der erste weltweite Atombombenabwurf zum 40. Mal. Am 6.August 1945 warf ein amerikanisches Flugzeug über Hiroshima die erste Atombombe ab. Die Atombombe von Nagasaki, eine Plutonium-Bombe, fiel am 9.August. Die beiden ersten von den USA zur Anwendung gebrachten Kernwaffen wirkten augenblicklich durch ungeheuren Luftdruck, eine Temperatur von zwanzig Millionen Grad Celsius und durch die radioaktive Strahlung.

Der „Hitzblitz" der Bombe äscherte alle Körper im Umkreis von einem Kilometer ein. Die Überlebenden der Katastrophe wiesen je nach Entfernung vom Explosionsherd Verbrennungen bis zum schwersten Grad auf. Nicht einmal der schwierige Heilungsverlauf und krebsartige Entartungen der betroffenen Körperteile ließen ahnen, was erst Jahre später erkannt und unter dem Begriff „Strahlenkrankheit" zusammengefasst wird: unkontrollierbare Veränderung der Organe, Sterilität, Missgeburten. All diese Erscheinungen ließen sich auch an Menschen nachweisen, die tausend Kilometer von der Explosion entfernt einem unmerklichen Regen von radioaktiven Spaltprodukten ausgesetzt waren.

An diesem Augusttag 1985 ist ausgesprochen viel Militärverkehr, der provoziert. Die Situation ist gespannt. Für uns spielt der Atombombenabwurf vor 40 Jahren in Japan in diesen Tagen eine große Rolle. Es ist heiß und staubig. Die Angespanntheit scheint auf alle Beteiligten überzugreifen. Ich blockiere mit einigen anderen der Pressehütte einen Mannschaftstransporter und einige Begleitfahrzeuge.

Innerhalb weniger Sekunden sind wir von ca. 20 erbosten GI's umstellt, die uns mit ihren Maschinengewehren bedrohen und versuchen die Blockade abzuwehren. Mit querstehendem MG kommt ein Soldat auf mich zu. Spontan greife ich mit meinen beiden Händen an die Waffe. Ohne mir der direkten Gefahr bewusst zu sein, die hieraus resultieren kann. Jeder hält die Stellung. So können sich auch zwei Menschen ansehen. Es dauert unverhältnismäßig lange, bis die deutsche Polizei eintrifft. Erst dann ziehen sich die Soldaten in ihre Fahrzeuge zurück. Auch die Polizisten, die zu diesem Zeitpunkt schon längst von uns nur noch „ Bullen" genannt werden, sind genervt. Es gibt lautstarke Wortgefechte mit den Ordnungshütern. Einer von uns bezahlt das mit tagelanger Heiserkeit. Nach nur einmaliger Aufforderung, die Straße zu räumen, werden wir unsanft festgenommen und wegen Nötigung angezeigt.

Einige werden mit erhobenen Händen an Wannen (Mannschaftstransporter der Polizei) gestellt und durchsucht. Die Ungerechtigkeit und der ganze Rüstungswahnsinn kommen an diesem Tag wieder besonders zu Vorschein.

Ich bin mir meiner Sache ganz sicher und gewissermaßen froh über meine Festnahme an diesem geschichtsträchtigen Tag. Auf dem Polizeirevier in Gmünd singen wir alle durch die Flure und Zimmer Widerstandslieder. Aus diesem Zusammenhalt geht eine unheimliche Stärke hervor. Nach der Vernehmung ist die Pressehütte wie eine rettende Insel für mich und ein schützendes Zuhause.

Das Amtsgericht in Schwäbisch Gmünd erlangt durch die anhaltenden Prozesse gegen die Blockierer eine gewisse Berühmtheit. Angeklagt wird vorwiegend wegen Nötigung. In den Paragraphen 240 im Strafgesetzbuch muss man sich erst mal hineinlesen, um ihn auch nur annähernd zu verstehen. Es gab einschlägige Richter, die sich mit dem Thema beschäftigten, allerdings nicht immer gleich urteilten. Für eine Blockade gab es in der Regel 20 Tagessätze. Für Mehrfachblockierer, was die meisten waren, gab es eine spezielle Addierung, die nicht jeder verstand. Die Prozesse wurden unterschiedlich aufwändig gestaltet. Die als Zeugen geladenen Polizeibeamten und speziell die Soldaten konnten sich meist nicht mehr richtig erinnern und waren darauf bedacht, den Gerichtssaal möglichst schnell wieder zu verlassen. Die Verteidigungsplädoyers waren hingegen leidenschaftlich und auch für noch so konservative Teilnehmer beeindruckend. Wir versuchten immer mit möglichst vielen Sympathisanten zu den Prozessen zu kommen. Oft frühstückten wir erst mal vor den Gerichtssälen und ließen uns dazu häuslich nieder, zum großen Leidwesen des Gerichtsaufsehers, der uns gegenüber völlig machtlos schien. Auch unser Singen in den Fluren des Gerichtsgebäudes konnte er häufig nicht unterbinden.

Die Mehrzahl der Blockierer geht meistens für mehrere Wochen in den Knast, um ihre Tagessätze abzusitzen. Der Frauenknast in Schwäbisch Gmünd hatte den bezeichnenden Namen „Gotteszell". Für die inhaftierten Frauen machten wir regelmäßig Musik vor den alten Gemäuern. Die Männer kamen in weiter entfernte Gefängnisse.

Lebenserfahrungen und die Pershing 2

Unser Leben fand überwiegend auf der Straße statt. Die Hornbergstraße war unser Lebensraum. Zeitweise wurde ständig blockiert. Für viele waren wir die reine Provokation. Ein Polizeibeamter brachte es mal bei einer Diskussion erbost auf den Punkt: „Ihr lebt wohl von Luft und Liebe!" Er war sich sicherlich nicht bewusst, wie treffend das war und vor allem nicht, wie oft er zitiert wurde.

Angekündigte Blockaden wie Senioren-, Prominenten- oder Richterblockaden verliefen meistens sehr friedlich, speziell, wenn Presse anwesend ist. Solche Besuche waren natürlich auch immer ein besonderes Erlebnis in der Pressehütte und auf der Straße. Die Polizei fordert dreimal auf, die Straße zu verlassen. Danach erfolgten die Festnahme und der übliche Ablauf auf dem Revier. Oft finden die Blockaden aber sozusagen auch gar nicht statt, denn für die Amerikaner ist es kein Problem, den Militärverkehr für einen Tag auszusetzen. Die Bereitschaft, den Willen und die Aktionen der Gruppen will ich hier in keinem Fall mindern.

Doch der Alltag in Mutlangen sah anders aus. Speziell die Dauerpräsenz wurde durch die tagtägliche Realität in ihrem Tun und Handeln radikaler als manch andere Friedensgruppe. Hausdurchsuchungen der deutschen Polizei in der Pressehütte waren keine Seltenheit. Einmal wurde nach einer anarchistischen Zeitung gefahndet. Ein anderes Mal wurde ein Totalverweigerer mit angeblicher Meldeadresse Forststraße 3 gesucht. Wir kannten ihn nicht einmal. Auch von uns hatte niemand seinen gemeldeten Wohnsitz in der Pressehütte. Bei solchen Hausdurchsuchungen wurden dann in der Regel Dokumente und andere Dinge aber auch Menschen beschlagnahmt (festgenommen), um die es gar nicht ging. Wir waren stark, aber der Adrenalinspiegel stieg bei solchen Aktionen deutlich an – und musste irgendwo wieder abgebaut werden.

Lebenserfahrungen und die Pershing 2

Wir hatten mit starken Belastungen zu kämpfen: Angefangen mit verbalen Angriffen einiger Bürger, die nichts dazu gelernt haben, über endlose Schwierigkeiten mit der Gemeinde und Behörden über die Nutzung der Pressehütte und des Zeltplatzes bis hin zu Übergriffen amerikanischer Soldaten und ihren Helfern von der deutschen Polizei. Wir mussten viel ertragen. Es kommt vor, dass GI's mit ihren Gewehrkolben Blockadeversuche von P2 Transportern verhindern wollen. Auch einige Aktionen der Polizei verlaufen nicht gerade gewaltfrei, wie etwa rüde Räumaktionen.

Die Leute der Dauerpräsenz sind so gut wie alle persönlich und namentlich bekannt. Sie bekommen von allen Seiten das Ärgste ab. Glücklicherweise gab es keine lebensbedrohlichen Verletzungen. Dennoch sind mindestens zwei Demonstranten von Militärtransportern überrollt worden. Schläge ins Gesicht, Stockhiebe auf Kopf und Körper sowie Tritte in die Nieren sind nicht ganz selten. Um die Verteidigung der öffentlichen Ordnung zu gewährleisten, schreckt die Polizei nicht davor zurück, selbst Gesetze zu brechen. So wurde auch über einige Zeit bei jedem Raketentransport die Pressehütte und die Zelte von Hundertschaften umstellt und der Garten zertrampelt. Es wurden Leute festgehalten und in Gewahrsam genommen oder die Türe der Pressehütte zugehalten. Ebenso wurde versucht die Dauerpräsenz zu kriminalisieren.

So werden uns zum Beispiel immer wieder Verbindungen zu militanten Gruppen wie der RAF oder den Revolutionären Zellen unterstellt. Nachdem die Dauermahnwache schon lange eingestellt ist, sind wir trotzdem viel vorm Tor und lassen uns dazu häuslich davor nieder.

Thermoskanne, Isomatte, Lesematerial, Musikinstrumente, die Pressehüttenhunde und sonstiges Zubehör sind fast immer dabei. Einige übernachten auch immer wieder vorm Tor, meistens mit relativ wenig Schlafstunden. Schlafen bei ständigem Licht ist doch gewöhnungsbedürftig.

Es ist der Zusammenhalt, der uns so stark werden lässt. Abends wird bei der Pressehütte oft Feuer gemacht, dann wird meist gesungen. Fast nur politische Lieder – Lieder von einer besseren Welt, ohne Krieg und Unrecht. In dem Moment denken wir nicht an die Nachbarn, die teilweise früh aufstehen müssen, sondern daran, wie lange unsere Welt noch überleben wird und ob sie überhaupt noch eine Chance hat.

Lebenserfahrungen und die Pershing 2

Als ich im Sommer 85 fest zur Dauerpräsenz kam, fand ich eine Freundin. Sie sprach französisch und kein deutsch. Ich sprach deutsch und englisch. So verständigten wir uns in völlig unkorrektem Englisch. Diese Freundschaft war von Anfang an etwas Besonderes. Wir waren uns auch ohne viele Worte nahe. Eine Mischung aus Fröhlichkeit und Traurigkeit verband uns. So konnte sie stets einen Hauch von meinen Gefühlen und meiner Zerrissenheit wahrnehmen.

Es war ein voller Sommer mit viel Lebensfreude und vielen bunten Besuchern und Aktionen. Positive Aktionen von außen waren nötig. So wurde einmal das gesamte Depot mit einem Banner umwickelt. Wachtürme wurden besetzt und mit Transparenten geschmückt, Blumen in den Nato-Draht gepflanzt und gehängt. Ebenso verschwanden auch immer wieder Stücke vom Nato-Draht, zum Ärger der Amerikaner. Die Spuren davon sah man dann regelmäßig an den Triangeln in den Klamotten. Zum „Andenken" an Mutlangen machten wir aus dem Nato-Draht kleine bemalte Broschen zum Anstecken.

In diesem Sommer kommt auch eine hoch politisierte Gewerkschafterin aus Stuttgart. Sie gehört nicht ganz zur Dauerpräsenz, kann sich aber mit dem Leben in der Pressehütte sehr gut identifizieren und konnte sich in unser Leben sehr gut einklinken. Wir sind uns sehr sympathisch und ich bewundere ihr Selbstbewusstsein und ihre Klarheit.

Das Leben in Mutlangen ist extrem. Die tägliche Auseinandersetzung mit Militär und Polizei ist gewaltig und hinterlässt Spuren. Es passiert ziemlich schnell, dass ich immer radikaler werde – verbal und gedanklich. Wir waren aus dem bürgerlichen Leben ausgestiegen, manche schon vor der Nachrüstungszeit, andere im Zuge der Nachrüstung. Aber gerade das hat die Dauerpräsenz ausgezeichnet. Jeder hatte seine eigene Lebensgeschichte, die auf ihre Weise bereichernd war.

Lebenserfahrungen und die Pershing 2

Oft hat es sich gezeigt, wie schnell man ins soziale Abseits gerät, dies aber fast immer mit einem hohen politischen Bewusstsein. Unser großer Schatz waren wir selber, jeder einzelne in der Gruppe.

Denkbar ungünstig gelegen gab es ausgerechnet im Büro hinter einem Vorhang das einzige Waschbecken, welches zum Waschen aller Körperteile diente, vorwiegend aber zum Zähneputzen diente. Zahnbürsten in verschiedenen Farben zierten die Ablage unter dem Spiegel. Unten gab es ein gespültes Wasserklo, dem man allerdings öfter etwas nachhelfen musste. Draußen installierten wir eine Gartenschlauchdusche, die in den Sommermonaten ein echter Genuss war. Und irgendjemand brachte eine handbetriebene Miniwaschmaschine mit. Nur die Wäsche wurde allerdings nie richtig sauber darin, man hatte eher den Eindruck, der Dreck wurde nur verteilt.

Im Sommer fingen wir an, den Dachboden auszubauen. Im bisherigen Zustand war er nicht nutzbar und hat zeitweise nur als Hundehütte gedient. Der Zwischenboden war voller Schlacke und Müll. Über ein Loch im Dach entsorgten wir die Reste in einen bereitstehenden Container. Besagtes Loch erregte wieder viel Aufsehen in der Presse und in der Bevölkerung: „Was machen die da? – Unerlaubter Weise!" Es wurde jedenfalls nie langweilig. Wir nahmen die gesamte Zwischendecke bis auf die tragenden Balken heraus. Das Büro, das direkt darunter lag und den Mittelpunkt der Hütte bildete, musste kurzfristig auf Minimalbetrieb laufen.

Damit im Büro keine Engpässe entstanden, beeilten wir uns, die neuen Bretter des Dachbodens zu verlegen. Dabei lernte ich auch, wie man am effektivsten einen Nagel ins Holz schlägt. Einer der Dauerpräsenz hatte gute handwerkliche Erfahrungen und übernahm einen Großteil der Bauleitung. Die Giebelseiten bekamen je zwei Fenster und die Dachschrägen wurden mit Nut-und-Feder-Brettern verschalt.

Obwohl der Dachboden nun bewohnbar war, blieben viele von uns in ihren Zelten. So ertönte morgens weiterhin lautstark „Ton, Steine, Scherben" und manchmal auch arabische Lieder und Rufe aus einem Zelt. Somit war klar, wer hier wieder zum Leben erwachte. Die Lieder von „Ton, Steine, Scherben" trafen genau auf unser Leben zu. Die Texte und der Inhalt werden mir ein Leben lang erhalten bleiben.

Ich wollte den Winter über im Zelt schlafen. Für mich war es eine Herausforderung. Mit zwei Wärmflaschen ausgerüstet war es mollig warm. Keiner von uns ist ernsthaft krank geworden. Der Dachboden wurde schnell mit allerlei Hausrat gefüllt. Hauptsächlich diente er jedoch als Schlafplatz für Besucher und Gruppen. Eine Ecke wurde zeitweise in ein kleines Wohnzimmer mit zwei Sofas umfunktioniert. Dort wurde unser selbstgedrehter Super 8 Film geschnitten und immer wieder Probevorführungen gemacht. Der Film war ohne Ton. Es gab aber eine Musikkassette dazu. Der Film handelte von Mutlangen, der Pershing 2 und ihren Zusammenhängen. Manöververfolgungen, Stellungsbesuche und das Leben in der Pressehütte waren ebenfalls Themen. Der Film war sehr emotional und ich konnte mich damals sehr gut damit identifizieren. In der Außenwahrnehmung gab es dazu sicherlich unterschiedliche Auffassungen. Jeden Herbst fuhr die 56th Field Artillery Brigade mit den Pershing 2 Raketen zum Großmanöver aus.

Im Oktober 85 gingen die Manöverübungen in die Pfalz. Damit der Feind den Standort nicht kennt, wurde die gefährliche Fracht an die 300 km durch Deutschland kutschiert. Die Koordination mit anderen Friedensgruppen war sehr gut, und somit konnten wir immer eine gewisse Publizität schaffen. Nächtelang lag ich mit einem Freund im Wald und beobachtete jede Bewegung der Amerikaner. Für die Nachtwachen musste wieder der bekannte schwarze Kaffee mit viel Zucker herhalten. In dieser Zeit genossen wir die ausgesprochene Solidarität eines Ulmer Sanitäters.

Gegen Erkältungserscheinungen jeglicher Art gab es stets ein Zuckerstück mit Propolis getränkt. Genau in dieser Zeit kam mein Bruder und brachte uns eine ausrangierte Küchenhexe. An entspannten Tagen buk ich manchmal in drei Pfannen gleichzeitig Pfannkuchen für 15 bis 20 Leute. Obwohl die Tür ständig aufging, konnte ich im T-Shirt am Herd stehen. Solche Tage genoss ich sehr – wenn die „Familie" zusammen war.

In der Adventszeit bekamen wir jede Menge Solidaritätspakete mit Lebensmitteln und anderen wichtigen Dingen aus dem ganzen Bundesgebiet und aus der DDR. Die Menschen im Osten mussten es sich wohl vom Munde abgespart haben. Also tranken wir Ost-Kaffee und aßen Ost-Butter und der Vorratsschrank füllte sich zusehends mit Christstollen. Über viele, viele Wochen gab es zu jedem Plenum Christstollen!

An meinem Geburtstag im Dezember kam mein Vater ohne Vorankündigung mit seinem weißen Mercedes vorgefahren. Er brachte die heile Welt aus Pullach mit. Es gab Apfelstrudel von „Tante Resi" und ein paar wärmende Geschenke von der Verwandtschaft. Richtige Worte der Anerkennung fand mein Vater nicht, dafür war dies aber ein eindeutiger Solidaritätsbesuch. Ich freute mich sehr und die Sache war klar.

Kurz vor Weihnachten kommt das Alarmsignal aus Wackersdorf. Es wird mit den Rodungsarbeiten für die WAA begonnen! Von nun an ist oft eine kleine bis große Delegation der Pressehüttengruppe in Wackersdorf. Nun sind wir nicht nur Dauerdemonstranten, sondern auch noch Reisedemonstranten, die schlimmsten der Republik. Das schöne an Wackersdorf war die breite Bewegung und die eindeutige Unterstützung durch die Bevölkerung. Die Polizeieinsätze waren allerdings kriegsähnlich und lebensbedrohend. Das erste Hüttendorf im Taxöldner Forst wird nach drei Tagen geräumt.

Kurz nach meinem 19. Geburtstag werde ich bei der Hüttendorfräumung wegen Widerstand gegen die Staatsgewalt und Körperverletzung gegen einen Polizeibeamten festgenommen. Anders formuliert könnte man auch sagen: Festnahme wegen ‚Stehen im Wald' und ‚Wegtragen durch die Polizei'. Ein Polizist hat sich dabei angeblich am Schienbein gestoßen. Die Gruppe wird auseinander gerissen. Ich bin alleine, ohne meine Freunde in einem Gefangenentransporter, Einzelzelle. Wir werden kilometerweit in weit abgelegene Polizeireviere gefahren. Ohne weitere Begründung wird mir mit dem Haftrichter gedroht. Hier werde ich erkennungsdienstlich aufgenommen. Das heißt: alle Taschen leeren, alles wird minutiös aufgenommen, Ausziehen bis auf die Haut, Fotos von allen Seiten und Fingerabdrücke. Nun bin ich also restlos registriert. Dem Haftrichter werde ich nicht vorgeführt, dafür aber mitten in der Nacht vor die Tür gesetzt, wie die allermeisten anderen Festgenommenen auch. Ein paar Kilometer laufe ich die Straße entlang, durch die gute Koordination finde ich meine Freunde in der Nacht wieder. Ich bin wieder mit meiner Freundin zusammen. Ich hatte große Angst um sie – und danke den Schutzengeln.

Weihnachten hat etwas mit Frieden zu tun, Mutlangen hat etwas mit Krieg zu tun. Weihnachten 85 waren wir alle zuhause in der Pressehütte. Und haben eins der wenigen internen Feste gefeiert. Es war ein berauschendes Fest. Beide Öfen wurden bis zum Anschlag geschürt. In der Küche wurde gekocht – für ein gemeinsames Abendessen. Unten wurde Musik gemacht und gesungen. Es war herzlich. Vor dem Essen am großen Tisch stimmten wir alle die „Internationale" an. In meinem Herzen war es warm. Das war ein unglaublicher Höhepunkt von Stärke und Zusammenhalt. Ich konnte mir nicht vorstellen, dass die Gruppe jemals auseinander geht. Bis lange in die Nacht ließen wir es uns gut gehen – soweit wir es zulassen konnten, weit weg von der Pershing 2. Das Bedürfnis zum Tor zu gehen, hatte kaum einer in dieser Nacht.

Selbst in Mutlangen hatte die Zeit zwischen den Jahren etwas Besonderes. Es legte sich eine gewisse Besinnlichkeit in den Raum, man kann es kaum sagen: Ruhe. Die Pershings blieben im Depot und es gab keine spektakulären Aktionen wie Weihnachten 84. Währenddessen wurde mit einer vorher nicht gekannten Kraft in Wackersdorf das zweite Hüttendorf gebaut, von beachtlicher Größe. Neben den Hütten und Häusern gibt es im Wald eine offene Bühne. Fast rund um die Uhr gibt es die unterschiedlichsten Beiträge. Auch die bayrische Band „Die Biermösl Blosn" kommt. Die Versorgung mit Lebensmitteln und sonstigen notwendigen Utensilien ist durch die Bevölkerung optimal gewährleistet. Silvester erleben einige von uns ein gigantisches Fest im Taxöldner Forst. Ich bleibe zuhause in Mutlangen, den Jahreswechsel verbringen wir vor dem Tor. In dieser Nacht können die amerikanischen Soldaten unser „Verbundenheit" mit der Pershing 2 nicht fassen.

Im Hüttendorf in Wackersdorf kann man in diesen Tagen gelebte Anarchie erleben. Da in Bayern die Zeit bis „Heilig Drei Könige" heilig ist, hat das Hüttendorf bis dahin Bestand. Danach wird auf bekannte bayrische Art rüde und willkürlich geräumt. Zu diesem Zeitpunkt bin ich nicht mehr bereit, mich festnehmen zu lassen. Ich werde zunehmend radikaler und fühle mich als Staatsfeind.

Während der Knastzeit schrieb ein Mann ein Lied über Mutlangen, die Bitterkeit der ganzen Geschichte war nicht zu überhören. Von ihm bekam ich in couragierter und ehrenvoller Weise die Freundschaft angeboten. Das hat Qualität, wenn sich Mann und Frau nahe sein können, ohne Beziehungsanspruch. Manchmal gingen wir zusammen spazieren, wir schrieben uns von unterschiedlichen Orten – und trösteten uns in schweren Zeiten.

In Mutlangen ist Winter. Die Zelte sind eingeschneit und durch den Schnee sieht es endlich mal sauber um die Pressehütte aus. Es ist kalt, zum Frühstück gibt es oft gefrorene Marmelade.

Die Eisblumen am Fenster sind aber trotzdem schön. Den Kaffee, welchen morgens der Weckdienst in die Zelte bringt, muss man schnell trinken, bevor er zum Eiskaffee wird. Im Januar und Februar finden nur wenige Besucher den Weg nach Mutlangen. Jeder von uns macht einen Tiefpunkt von Resignation durch – die Kraft vom letzten Jahr kehrt nicht in dem Maße zurück. Manche geben sich dem Alkohol hin, der jedoch keine Hilfe bringt. Der Frühling lässt auf sich warten. Trotzdem ist klar: Wir machen weiter!

Die Belegschaft der Pressehütte ist weiterhin stark in Wackersdorf involviert. Fast immer ist mindestens einer von uns im Landkreis Schwandorf und unterstützt dort das Büro Freies Wackerland. Was wir in Wackersdorf an verbrecherischen Strategien von Seiten der deutschen, insbesondere der bayrischen Staatsgewalt erleben, geht auch an uns erfahrenen Demonstranten nicht spurlos vorüber.

In Bayern waren Razzien und Durchsuchungen von Gepäck und Autos üblich geworden, lange Staus auf den Straßen waren nicht selten. Übernachtungslager der Demonstranten wurden regelmäßig von Hundertschaften umstellt. Festnahmen waren oft willkürlich und auch der Paragraph 129a, Bildung einer terroristischen Vereinigung, kam oft zum Einsatz – ohne konkrete Hinweise oder gar Beweise zu haben. Solche Art von Aktionen haben aber auch letztendlich bewirkt, dass auch die Bevölkerung der Oberpfalz in Massen wachgerüttelt wurde und mit Herz und Verstand auf die Straße und vor den Bauzaun gezogen ist.

Im frühen Frühjahr 86 wird in einer berliner Diskothek ein Anschlag verübt, bei dem auch amerikanische Soldaten ums Leben kommen. Das Land Libyen wird dafür verantwortlich gemacht und ist der Auslöser für die Libyenkrise. Die Amerikaner drohen sofort mit einem Militärschlag – von Europa aus! In Mutlangen werden die Pershing 2 Raketen in Stellung gebracht und es herrscht die höchste Alarmstufe.

Der amerikanischen Regierung ist alles zuzutrauen, wohlgemerkt weit ab der Heimat. Die Katastrophe scheint greifbar nahe, sollte die Pershing wirklich zum Einsatz kommen. Die Pressehütte macht in diesen Tagen ihrem Namen alle Ehre. Beobachtung, Koordination, Information. ARD und ZDF kommen nach Mutlangen und nehmen die brenzlige Situation in Augenschein. Am Abend kann man die aufgerichteten Atomraketen im Mutlanger Depot in den Nachrichten sehen. Nicht nur uns ist es mulmig. Der Erstschlag scheint greifbar nahe. Es kommt zum militärischen Gegenschlag der Amerikaner, jedoch nicht von Deutschland aus. So schnell, wie die Libyenkrise kam, ging sie auch wieder.

Endlich kommt der Frühling und wärmt unsere Gemüter. Die Zelte werden gelüftet. Mensch und Tier reckt sich der Sonne zu. Die ersten Blumen kommen raus und der Garten wird neu angelegt.

Lebenserfahrungen und die Pershing 2

Von einer Stunde auf die andere werden wir Ende April 86 von dem weltweit ersten größten anzunehmenden Atomunfall – dem Super Gau – überfallen. Tschernobyl! Alle Register der Presse werden gezogen, das Telefon steht nicht still. Es dauert eine Weile, bis wir das Ausmaß der Katastrophe wirklich an uns heranlassen und auch die persönlichen Auswirkungen realisieren. Wir haben zwar die Pressehütte, aber unser Leben findet weitgehend draußen statt. Sollen wir bei Regen wirklich drinnen bleiben? Es hält sich keiner dran. Tag und Nacht schreiben wir die aktuellen Becquerelwerte auf Mutlangens Straßen. Es macht sich eine große Hoffnungslosigkeit breit. Es ist ein ‚außerordentliches' schönes, sonniges Frühjahr!

Trotzdem bleiben die Akw's am Netz und es kommen noch neue hinzu. Auch die Pershing bleibt in Mutlangen! Ich selbst registriere Tschernobyl, bin aber von Pershing und Wackersdorf regelrecht überladen, so dass ich die Katastrophe nicht richtig an mich rankommen lasse. Es herrscht Endzeitstimmung. Und ich gerate wie viele andere auch in eine immer mehr zunehmende Hoffnungslosigkeit hinein.

Pfingsten 86 fahren viele der Pressehüttengruppe zum Pfingstcamp nach Wackersdorf. Die Bauarbeiten sind in den wenigen Monaten immens fortgeschritten. Ein massiver Bauzaun aus grünlackiertem Stahl (Partnerlook mit der Polizei) mit betoniertem Graben davor wurde errichtet – eine Festung. Dahinter stehen jede Menge Wasserwerfer der Marke Daimler Benz. Man kam sich vor wie in einem Hochsicherheitstrakt. Speziell aus Wackersdorf ist man ja einiges vom Polizeistaat gewohnt. Die Wut gegen die Atompolitik hat sich im ganzen Bundesgebiet angestaut. Es geht Auge um Auge und Zahn um Zahn. Der Provokation hält an diesen Tagen keiner stand. An Pfingsten erreicht der Widerstand gegen die WAA mit erbitterten Kämpfen am Bauzaun seinen Höhepunkt. Die Wasserwerfer kommen schnell zum Einsatz mit CS und CN Gas.

Lebenserfahrungen und die Pershing 2

Trotzdem gelingt es, mehrere Löcher in den Bauzaun zu sägen. Die Schlacht zieht sich über mehrere Stunden hin. Es sind Menschen aus allen Schichten der Bevölkerung dabei. Ein in provokanter Weise abgestelltes Polizeifahrzeug an der Zufahrtstraße zum Gelände geht in Flammen auf. Daraufhin wirft die Polizei von Hubschraubern aus CS Gas Bomben in die wohlgemerkt abziehenden Demonstrantenmengen. Panik und kriegsähnliche Situationen mit unzähligen Verletzten spielen sich ab. Ich erlebte nicht nur den größten Polizeieinsatz meines Lebens – sondern auch einen vollständig enthemmten. Wieder bewahren uns die Schutzengel – es gab keine Toten. Völlig entkräftet und traumatisiert komme ich in der folgenden Nacht in der Pressehütte an.

Die gereizte und äußerst angespannte Stimmung und das in Wackerdorf Erlebte greifen auf unser Leben in der Pressehütte über. Wir halten zwar an unseren Grundsäulen der Gewaltfreiheit und der friedlichen Demonstrationen fest – doch das wird auch in Frage gestellt.

In Mutlangen wurde jedoch nie ein Soldat oder Polizist bei Demonstrationen tätlich verletzt. Aus dieser Stimmung heraus gab es eine eskalierende Blockade direkt an unserem Grundstück, als ein amerikanischer Mannschaftstransporter mit johlenden Soldaten vorbeifuhr. An diesem Tag gelang es uns nicht, der Provokation standzuhalten. Wir warfen uns regelrecht auf die Straße und zwangen sie zum Stehen bleiben. Die Soldaten, ihrerseits auch erbost, sprangen in voller Montur auf die Straße. Wir lieferten uns einen Nahkampf. Ein Soldat schlug mit seinem Maschinengewehr um sich, ich trug eine blutende Kopfwunde davon. Nachdem die Polizei eintraf, legte sich das Gerangel langsam.

Ich selber war an einem gefährlichen und unbefriedigten Punkt des Widerstandes angekommen. Die Tränen kamen mir nicht wegen dem körperlichen Schmerz, sondern wegen der Verbitterung über die politischen Verhältnisse in Deutschland.

Lebenserfahrungen und die Pershing 2

Das Leben geht weiter, doch gelingt es mir und vielen anderen der Gruppe kaum, an das Positive zu glauben und Kraft zu schöpfen. Speziell bei drei Menschen der Gruppe überschritt der Alkoholkonsum die Toleranzgrenze. Die damit einhergehende Gleichgültigkeit machte mich sehr betroffen. Einige der Pressehüttenleute sind völlig politisiert und das Vertrauen zwischen einigen Menschen fängt langsam an zu bröckeln. Die Bereitschaft, weiterhin mit allen Leuten in der bisherigen Form so weiter zu leben, sinkt. Dies wird insbesondere am Alkohol- und Drogenkonsum festgemacht, der die politische Arbeit beeinträchtigen soll. Ich gewinne den Eindruck, dass die politische Arbeit wichtiger ist als die Menschen der Gruppe. Solch rationales Denken ist mir fremd. Ich bin der Überzeugung, dass wir nur gemeinsam stark sind und nur so weiterhin bestehen können.

Im Frühsommer trampe ich mit meiner Freundin für zwei Wochen nach Frankreich. Die Pressehütte ist auch ihr Zuhause, obwohl es schwer für sie ist, in Deutschland richtig Fuß zu fassen. Wir werden oft lange Strecken von LKW's mitgenommen, von den Fahrern zum Essen eingeladen und kommen gut vorwärts. Meistens laufe ich barfuss .Wir hatten nur wenig Geld dabei. Es reichte und es gab Wichtigeres. Wir hatten ein paar schöne Tage in der Camargue, bevor wir uns auf den Weg nach Toulouse machten, um dort eine Geburtsurkunde abzuholen. Wir bekamen sie erst nach einigen Schwierigkeiten. Danach ging die Reise weiter bis an die spanische Grenze. Ein paar Nächte schliefen wir am Strand, ganz in der Nähe des Wohnorts der Familie meiner Freundin. Es entstand jedoch keinerlei Kontakt. Wir bewegten uns zwischen Vergangenheit und Zukunft. Es war sehr emotional, aber jeder konnte dem anderen ein bisschen Kraft geben. Mein Herz war in Mutlangen. Ich sah mich in der Verantwortung für meinen Freund und für die Hütte, ohne eine Lösung zu sehen. Nach zwei Wochen kommen wir wieder nach Hause und werden freudig empfangen. Es war für mich immer schön, in die Pressehütte zu kommen, mit der Hoffnung sie bleibt uns erhalten. Die menschliche Nähe war für mich das höchste Gut, das ich über lange Zeit in Mutlangen insbesondere in der Pressehütte erlebt habe. Es waren viele, von denen ich dieses Geschenk erhalten hatte. Es waren Bausteine für mein Leben.

Die Probleme innerhalb der Pressehüttengruppe werden spürbar konkreter. Es wird ein internes Hüttenwochenende einberufen. Hier wird beschlossen, dass drei Leute der Dauerpräsenz mit einem Ultimatum von vier Wochen von ihrer Sucht lassen müssen oder die Pressehütte verlassen müssen. Ich kannte damals leider das Konsensprinzip nicht und auch keine anderen hilfreichen Kommunikationsformen. Über das Ausmaß dieses Beschlusses ist sich wohl kaum jemand wirklich bewusst. Mehr oder weniger zerbrach die gesamte Gruppe daran. In der Pressehütte begann hiermit im gewissen Sinne ein neuer Zeitabschnitt.

Anfang August 86 ziehen drei weitere Dauerpräsenzler, darunter auch meine französische Freundin, in eine WG nach Gmünd. Dies ist der Anfang vom Ende meiner Pressehüttezeit. Mühsam kämpfe ich mich durch die nächsten Wochen. Es war eindeutig, ein gewisser Zeitabschnitt ist abgelaufen, mit welchem im Endeffekt jeder bitter zu kämpfen hat. Den Verlust der Gruppe, der Pressehütte und von Mutlangen konnte ich mir selber nicht eingestehen, wo ich doch so auf die Gemeinschaft gebaut hatte. Im Spätherbst 86 verließ ich völlig frustriert die Pressehütte und gehörte nicht mehr zur Dauerpräsenz.

Ich begann ein Praktikum bei einem Schreiner, das ich nach zwei Wochen abbrach. Ich war emotional nicht in der Lage, einfach nahtlos etwas anderes zu beginnen. Man konnte von der Pressehütte nicht einfach ins normale Leben gehen. Es gab aber auch kein richtiges Zurück mehr. Es folgte eine lange harte Zeit voller Hoffnungslosigkeit und Trauer. Ich behielt meine Freundin, welche mir in dieser Zeit viel Kraft gab. Den Großteil des Winters verbrachte ich in der Gmünder WG und im Umfeld der Pressehütte. Im März 87 begann ich mit einem halbjährigen landwirtschaftlichen Praktikum in der Nähe von Gmünd. Ich lebte nun mit meinen Milchkühen auf gleicher Höhe wie das Pershing Depot, nur auf der anderen Seite von Schwäbisch Gmünd. Die Arbeit im Kuhstall brachte mir Lob ein. Das hatte der Bauer und manch anderer nicht gedacht, dass „ die Dauerdemonschdrande au ebbs schaffe könne" (= arbeiten können). Nach fast vier Jahren verließ ich Schwäbisch Gmünd und den Kreis der Pressehütte im Dezember 87 und begann mit meiner Ausbildung zur Landwirtin.

für Etienne ...

Widmung.
1993 starben drei Menschen der Dauerpräsenz: Peter Tschiersch - kleiner PetA - am goldenen Schuss; Reiner Dauner bei einem Verkehrsunfall; Etienne-Reene Cabos an einem Gehirnschlag in Folge von Epilepsie.

NACHTRAG

Die Pershing 2 Raketen wurde im Zuge der deutschen Wende abgerüstet und verschrottet. Die WAA wurde nicht gebaut. Die Durchführung war politisch und technisch unrealistisch.

NACHWORT

Von Barbara Vogelmann

deine zeilen sind ein zeitzeugnis in das ich nicht zuletzt durch deine eigenwillige art zu schreiben zurückgetaucht bin, habe selbstvergessen seite um seite verschlungen, es erst weglegen können, als alles gelesen war;
ich kenne dich seit unserer schulzeit im konservativ weißblauen land des verdrängens; wie schon damals bin ich hin und her gerissen zwischen geschockt sein und verdrängen; vor allem geschockt über das verdrängen können!
die dir von wo auch immer mitgegebene aufgabe wahrnehmen zu können, macht dich zum aussergewöhnlichen: du erkennst das leid, die gefahr, die bedrohung, du kannst nicht daran vorüber gehen, du musst dich darum kümmern. Danke.
ich glaube es ist nicht übertrieben, wenn ich es so ausdrücke: wiedermal ein teil deutscher geschichte, das wissen darum allen zugängig…nur wenige erkannten die gefahr, standen dafür ein – allen gegnern zum trotz; man kann nur sagen: glück gehabt deutschland, es hätte auch anders ausgehen können.
danke an all jenen, deren MUT LANGEN konnte!

Danke Dir Bibl für deine Aufrichtigkeit und Unterstützung

Frieden

Frieden!

Am Tag
Nach dem blutigsten Tag
Am Tag nach dem verdammten Krieg
Kommt der ernüchternde Tag
Der erste Tag nach dem beklagten Sieg

Flucht vor der neuen Zeit

Dabei hatte
gerade die Zeit
begonnen

Die kalten Krieger
waren bereit
und sind sich näher gekommen

Fast als hätte man es erwarten sollen
ergab dies eine neue Front
der heiße Krieg brennt sehr gekonnt

Ausgehauchte Seelen klagen an
Arme Seelen kommen an
Angesichts der neuen Zeit vom Schreck beklommen

Uta Ranke-Heinemann
Sind Frauen friedfertiger als Männer?

Vortrag anlässlich der Suttnerpreisverleihung im Atelierhaus `Alte Schule´, Essen 2006

Ich habe mir Gedanken darüber gemacht, worin der entscheidende Unterschied zwischen Männern und Frauen liegt. Sind Frauen friedfertiger als Männer? Nein. Sind sie intelligenter als Männer? Nein. Da nickt zwar jemand, aber es stimmt nicht. Gibt es irgendetwas, was sie können und was Männer nicht können oder grundsätzlich schlechter können – außer Kinder gebären? Nein.

Dann viel mir auf, dass die alten Römer nur ein einziges Wort haben für zwei ganz verschiedene Dinge. Nämlich erstens: Für körperliche Kraft, Muskelkraft bzw. militärische Kraft und zweitens: Tugend. Und dass sie dieses gemeinsame Wort für beide Sachen von dem Wort Mann ableiten. Das Wort heißt virtus. Virtus kommt von Mann und heißt im Lateinischen sowohl Körperkraft, militärische Kraft als auch Tugend.

Was hat, so fragte ich mich, männliche Muskelkraft mit Tugend zu tun? Wieso bedeutet das Wort virtus sowohl Körperkraft als auch Tugend? Die Lösung des Rätsels: Die Männer bilden sich ein, weil sie mehr Körperkraft besitzen, auch mehr Tugend zu besitzen. Die Einteilung der Welt in oben und unten, in Herren und Sklaven, früher in Adelige und Nichtadelige, in der katholischen Kirche, in der alle Hirten Männer und alle Frauen Schafe sind, all diese Einteilungen beruhen ursprünglich auf nichts anderem als auf die männliche Körperkraft. Sie war es, die den einen Vorteil gegenüber den anderen brachte, den Starken gegenüber den Schwachen, den Männern gegenüber den Frauen.

Sind Frauen friedfertiger als Männer?

Der erste Adel, der unter den Menschen auftauchte, beruht auf der Körperkraft, mit dem die Stärkeren sich nicht nur materielle Vorteile über die Schwächeren verschafften, sondern sich gleichzeitig ideellen Ruhm und Ehre zulegten. Tugend und Moral sind sogar immer das Allererste, was die Sieger für sich beanspruchen – außer dem Geld und dem Öl natürlich. Tugend und Moral sind immer das Erste, was sie dem Besiegten absprechen. Ich hörte als Kind von Leuten, die vom Endsieg überzeugt waren, oft den Satz: Der Russe ist ein Untermensch.

Die Frauen sind also psychisch schwächer als die Männer. Und man hört ständig, dass durch die Kriege die ausländischen Vergewaltiger zu den bereits vorhandenen ins Land geholt werden. Unsere gesamte Welt, wenn wir nach oben gucken, ist vorwiegend männlich. Und bis heute löst diese Männerwelt ihre Probleme mit Muskelkraft, mit Ketzer- und Hexenverbrennungen, mit Feuer, Gewalt und Vernichtung.

Sind Frauen friedfertiger als Männer?

Ein goldenes Matriarchat, wie viele Feministinnen träumen, hat es nie gegeben. Ja aber, könnte da jemand sagen, heute bedarf es doch keiner Körperkraft mehr, um Bomben zu werfen, das geht doch auf Knopfdruck. Also benötigt man doch keine Körperkraft mehr, um Städte und Länder in Schutt und Asche zu legen. Also spielt doch auch die Körperkraft heute keine Rolle mehr, von den Vergewaltigungen mal abgesehen. Das stimmt, aber unser ganzes Wertesystem beruht auf Gewalt. Und zu einem Umsturz dieses Wertesystems wird es kaum noch kommen, da bis dahin der Mensch mit seinen Friedenswaffen die Erde verstrahlt und verkocht haben wird und diese Erde leer und ausgebrannt um eine vergebliche Sonne kreisen wird!

Dass unser gesamtes Wertesystem, das ja auf Gewalt beruht, eine biologisch einleuchtende Grundlage erhielt, dafür hat für das christliche Abendland und weit darüber hinaus Aristoteles, der ist 322 vor Christus gestorben, gesorgt: Wenn er schreibt, Frauen entstehen bei feuchten Südwinden und anderen Widrigkeiten; denn an sich müssten immer Männer entstehen, da die aktive Kraft im männlichen Samen etwas gleich Vollkommenes hervorbringen will – nämlich einen Mann.

Die Frau ist bei Aristoteles ein – wörtlich – `missglückter Mann´, ein – wörtlich – `defekter Mann´. Eine Frau ist eine Missbildung der Natur, wenn das eigentliche Ziel, nämlich Männer zu erzeugen, durch widrige Umstände verhindert wird und entgleist. Frauen sind, weil sie verhinderte Männer sind, weniger intelligent, weniger tugendhaft als die Männer. Und wegen ihres höheren Wassergehalts, Wasser ist ja so leicht beweglich, können Frauen nicht treu sein und keine Wallfahrten würdig vollziehen, fügt Albertus Magnus hinzu. Dessen historische Bedeutung liegt darin, dass er die Biologie des Aristoteles in das Frauen geringschätzende katholische Lehrsystem nahtlos eingepasst hat.

Albertus Magnus, gestorben 1280, ist der Lieblingsheilige unseres Papstes. Wegen Albertus´ 700-jährigen Todestages kam Johannes Paul II. – als der oberste Wertehüter – 1980 erstmals nach Deutschland. Unterstützt wurde Albertus bei seiner großen Frauendiskriminierung durch seinen großen Schüler Thomas von Aquin, den der Papst jetzt in seinem allerneuesten Buch, das ich gestern gelesen habe, als „den" Theologen hervorhebt.

```
Liebes Leben

Mein
VaterLand ist
Mutter Erde

Mein Kind
mein Leben

Meine Frau ist
die Liebe
```

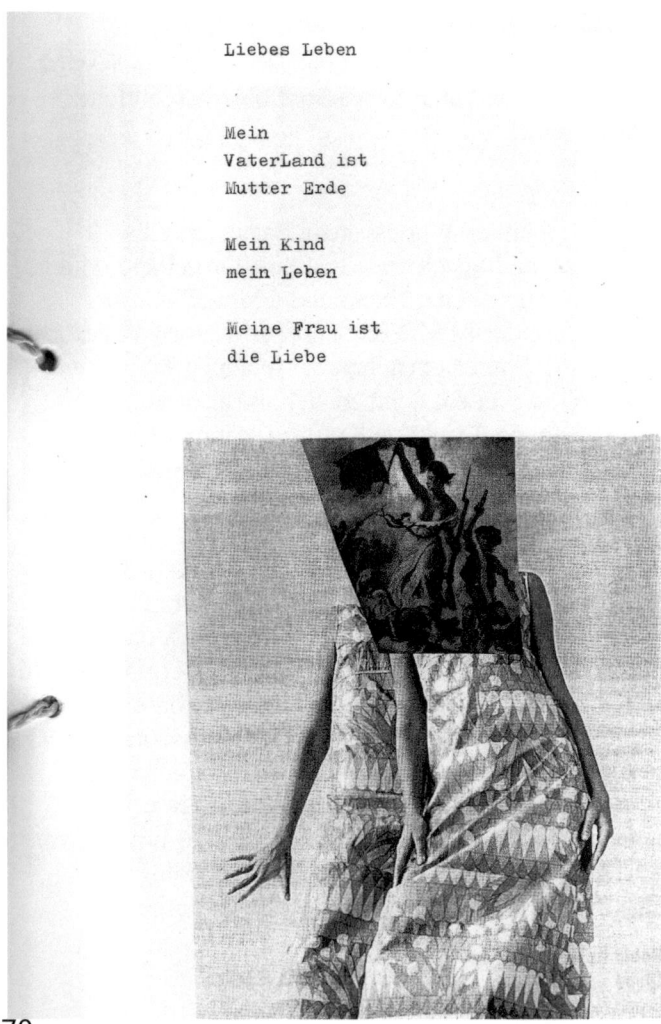

Thomas von Aquin! Dieser schreibt: Die Frauen haben einen Defekt der Vernunft, welcher, außer bei Frauen und Kindern, bei Geisteskranken offen zu Tage tritt. Deswegen seien Frauen ja auch nicht zugelassen als Zeugen bei Testamentsangelegenheiten.

Aha!

Wegen der höheren Qualität ihres Vaters, meint Thomas, müssen die Kinder den Vater mehr lieben als ihre Mutter. Das meint also Thomas, nachdem bereits Augustinus, der größte aller Kirchenväter, schon 800 Jahre vor ihm die drei „K" für die Frauen erfunden hatte.

Aber da ist noch etwas. Die moralische Steigerung von männlicher Kraft und militärischer Stärke zur Tugend hat noch eine letzte Steigerung, und zwar für die Ewigkeit im Jenseits erfahren. In vielen Religionen waren die gefallenen Krieger die Ersten, die nach ihrem Tod in ein Paradies eingingen. Vorher gab es den Hardes, da waren alle gleich im Tod und also – die Ersten, die nach ihrem Tod in ein Paradies eingingen, waren die gefallenen Krieger, so zum Beispiel bei den Germanen, den Griechen, den Azteken, den Polynesiern, den Juden. In vielen Völkern war das Paradies ein Garten oder eine Insel der Seligen. Bei den Germanen war es wegen der Kälte die Walhalla, also eine Halle für die auf der Walstatt Gefallenen, d.h. auf dem Schlachtfeld gefallenen Krieger.

Ich will hier aber auf diese interessante religionsgeschichtliche Entwicklung nicht eingehen, auch nicht auf die kriegerischen Selbstmordattentäter, von denen wir fast täglich erfahren und die überzeugt sind, als Märtyrer sofort ins Paradies einzugehen (allerdings nicht mehr als Einzige, aber doch schneller als der normale Sterbliche aus der Intensivstation). Ich will nur noch dies sagen:

Sind Frauen friedfertiger als Männer?

Gott hat Himmel und Erde geschaffen. Die Hölle haben die Menschen als finalen Vergeltungsschlag hinzugefügt. Und von allen Weltreligionen dauert bei den Christen die Hölle am längsten, nämlich ewig! Und das, nachdem die Christen Jesus zu einem Höllenprediger umfunktioniert haben. Der Taxifahrer eben war Moslem, und da konnten wir auch darüber reden, dass im Koran die Hölle nicht ewig dauert, sondern nur solange Allah es wünscht. Aber eine Hölle haben sie auch, also der finale Vergeltungsschlag, aber eben nicht ewig, da sind die Christen führend, nachdem sie Jesus zu einem Höllenprediger umfunktioniert haben.

Aber bleiben wir auf der Erde bei den drei „K". Selbst noch in diesem engen drei „K-Bereich" fühlen sich die Männer den Frauen überlegen. Nur ein Beispiel: Muttersohn und Vatertochter. Vatertochter klingt nach großer Klasse, Muttersohn nach Katastrophe. Einen Muttersohn allerdings hat die katholische Kirche sogar heilig gesprochen, den heiligen Don Bosco! Über ihn las ich: Der heilige Don Bosco war so keusch, er ließ sich nur von seiner Mutter bedienen. Seitdem sagte ich immer zu meinen beiden Söhnen: Ihr beide habt Anlagen zur Heiligkeit, ihr lasst euch nur von eurer Mutter bedienen.

Aber abgesehen von Don Bosco klingt Muttersohn nach Katastrophe, nur Vatertochter klingt nach Klasse. Das liegt nicht am Sohn oder an der Tochter! Das liegt am Vater, das liegt an der Mutter. Und zwar vor allem in Deutschland, denn in den anderen Sprachen, die mir gerade einfallen, ist das nicht so: Vis a Papa (französisch), filio di papa (italienisch), icho de papa (spanisch) ist abfällig gemeint für den Vatersohn, der vom Geld des Vaters lebt und sonst nichts auf die Reihe bringt. Dagegen existiert das Wort Muttersohn in dieser negativen Bedeutung in diesen Sprachen und vielen anderen Sprachen gar nicht.

Fazit: Unsere Welt ist eine Männerwelt. In ihr sind – jedenfalls bis vor kurzem – die Frauen zu lebenslänglicher Küche verurteilt, die Welt aber durch männliche Politik dem Untergang geweiht.

Wichtiger als dass die Männer ihren Frauen beim Abtrocknen zur Hand gehen, ist, dass die Frauen den Männern bei der Politik in den Arm fallen! Klarzumachen, dass das Ziel der Politik in dieser Welt nicht der Krieg und nicht die Vernichtung sein kann, das klarzumachen ist der Beitrag, ist die Tugend der Frauen, nachdem die Frauen aufgrund ihrer Schwäche durch Schaden klug geworden sind.

Vielen Dank! – So, machen wir jetzt Diskussion, oder wie läuft das hier?

Erde 4